Kochkultur mit

Absinth

Klartext

Konzept & Realisation:
Pecher & Böckmann WA GmbH, Essen

Idee, Autor:
Michael W. Erdmann, Künstlerresidenz Bungertshof, Königswinter
kuenstlerresidenz.bungertshof@web.de / www.bungertshof.de

Rezepte: Heiko Antoniewicz, „Art Manger", Dortmund

Fotografie: René Fikenscher

Design, Realisation: Volker Pecher

Redaktion: Uli Böckmann

Verlag: Klartext-Verlag, Essen

ISBN: 3-89861-167-1

Für Julia

Für fachkundigen Rat und tatkräftige Unterstützung
danke ich Jörg Tragert von der Destillation RAUTER in Essen.

Michael W. Erdmann

★ ★ ★

Für die engagierte Unterstützung danke ich dem
Team von ART MANGER,
insbesondere Monika Wechsler & Marcus Emmerich,
Marcus Sercú & Marc Herbst,
Mario Kalweit & Mike Pohl sowie Anna Marquis.

Heiko Antoniewicz

★ ★ ★

Vorspeise

Suppe

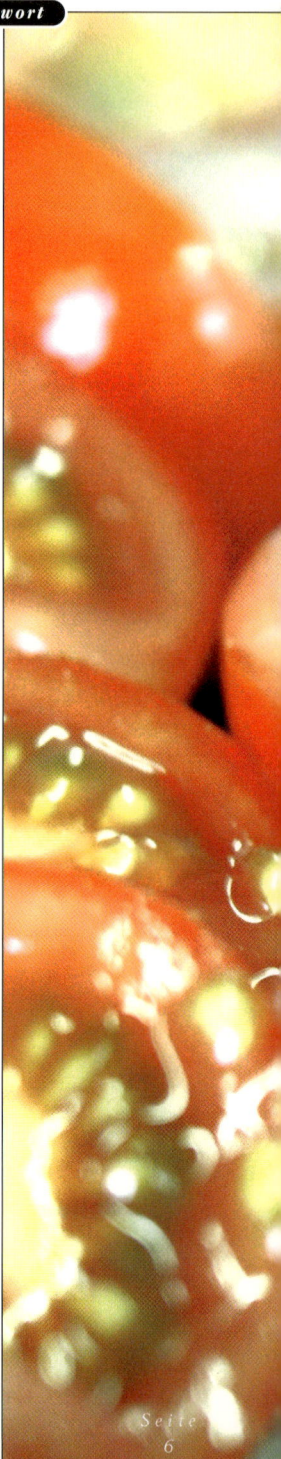

Zu diesem Buch.

Dieses Buch ist in mehrfacher Hinsicht ein außergewöhnliches und eklektizistisches Buch. Es ist Essay-, Gedicht- und somit Vorlesebuch, es ist – der vielen schönen Bilder wegen – ein schwelgerisches und verträumtes Buch; vor allem aber ist es dank der zauberhaften Rezepte von Heiko Antoniewicz ein wunderbares Kochbuch. Alles in allem ist es ein Buch für Menschen, die gern in Küchen träumen, denken, reden, und die verträumte, redend-denkende Menschen zu Gast haben; und sei es nur sich selber. Ach ja, ein Buch für kultivierte Trinker ist es sicher auch.

Geschrieben wurde es, nach dem Vorbild so vieler Dichter und Maler über die ich schreiben durfte, in einem Hotel – nicht in Paris, London oder New Orleans, sondern im Siebengebirge. Ich habe jeden Grund, der Herrin dieses gastfreundlichen Hauses dankbar zu sein für das Dach über meinem Kopf. Sie heißt Nadja Jansen und ihr Hotel heißt „Bungertshof" (www.bungertshof.de). Es steht in dem kleinen, weinrebenumrankten Ort Oberdollendorf. Die Stadt Königswinter kann stolz darauf sein, dass Oberdollendorf zur Gemeinde gehört.

In Fragen des geistigen Eigentums, vor allem, wenn es sich um Informationen aus dem „world wide web" handelt, war ich zugegebenermaßen einigermaßen schlampig. Ich halte das für moralisch vertretbar und nehme Kritik in dieser Sache gerne und folgenlos zur Kenntnis. Das Netz ist auf die gleiche Weise und von Anfang genauso vernetzt-dekonstruktivistisch-anarchisch wie meine eigene Arbeits- und Denkweise.

Einem mir persönlich unbekannten Kollegen verdanke ich viel. Er trägt den schönen Namen Barnaby Conrad III. und lebt – hoffentlich wohlauf – in San Francisco. Aus seinem Buch „Absinthe – History in a bottle" habe ich öfter zitiert und gelernt, als in meinen Texten vermerkt und zugegeben. Damit er mir verzeiht, habe ich ein Rezept für ihn geschrieben und gekocht, das nur ihm gewidmet ist. Sie finden es im „Kleinen Absinth-ABC" unter „L" wie „Lamm". Ich hoffe, er mag Lamm.

Michael W. Erdmann, November 2002

★ ★ ★

Kreatives Kochen
als Passion.

Für Heiko Antoniewicz stand sein späterer Beruf schon früh fest. 1965 in Dortmund geboren, entschied er sich schon im Alter von 10 Jahren, Koch zu werden. Die Lehre dazu absolvierte er im Hotel-Restaurant „Lennhof". Schon während der Lehrzeit erkochte er 1985 die Auszeichnung des Dortmunder „Stadtmeisters der Köche". Seine erste Stelle als Commis de Cuisine trat er bei Gerhard Gartner im Restaurant „Gala" in Aachen an. 1986 wechselte er ins Restaurant „Residence" nach Essen-Kettwig zu Uta und Berthold Bühler, wo er schon nach kurzer Zeit stellvertretender Küchenchef wurde.

1990 siegte Heiko Antoniewicz beim renommiertesten Köche-Wettbewerb Deutschlands um den Titel „Koch des Jahres" als bis heute jüngster Teilnehmer. Bei den „Deutschen Lachsmeisterschaften" des Jahres 1988 holte er sich den Titel des „Deutschen Lachsmeisters", im Jahr 2000 gewann er die Noilly-Prat-Trophy, in deren Jury er 2001 berufen wurde.

Seit 1992 betreibt Heiko Antoniewicz gemeinsam mit seiner Geschäftspartnerin Monika Wechsler in Dortmund das „Art Manger – der Tafelservice". Die Idee war, Spitzengastronomie in geschäftlichem und privatem Rahmen auf gehobenem Niveau zu inszenieren. Hier kann Heiko Antoniewicz seine Vorstellung von junger, moderner Küche kreativ und eigenverantwortlich umsetzen. Seine Passion ist es, bekannte Lebensmittel ungewöhnlich zuzubereiten und damit neue und interessante Geschmacksnuancen, manchmal ganz entgegen gültiger Rezepturen, zu schaffen.

Im November 1999 wurde das Unternehmen um „Art Manger – das Restaurant" erweitert, eine stationäre Bühne für kulinarische Sinneslust, konzeptionell an den Tafelservice angelehnt. Nach nur zweijährigem Bestehen des Restaurants erhielt es schon die begehrte Auszeichnung vom Guide Michelin: den ersten Stern.

Heute ist Heiko Antoniewicz in erster Linie Unternehmer und kreativer Kopf seiner Kochmannschaft.

★　★　★

Kulturschocks als Motor der Kreativität.

Michael W. Erdmann wird 1953 in Bottrop geboren. Beide Eltern sind Lehrer, doch als er das erfährt, ist es schon zu spät. Der Zehnjährige wird ins Rheinland verschleppt, wächst in Bad Godesberg auf und erlebt dort seinen ersten Kulturschock: Er entdeckt den Karneval und den „rheinischen Frohsinn". Als Folge dieses Schocks studiert er in Bonn Philosophie, Deutsche Literatur und Kunstgeschichte und entdeckt das Theater.

Anfang der 80er Jahre studiert Michael W. Erdmann Theaterwissenschaften in Berlin, wird Autor und Redakteur bei „Theater Heute", lernt Peter Stein kennen, folgt dann aber – aufgrund seiner Veröffentlichungen über Heiner Müller – dem Ruf Claus Peymanns ans Schauspielhaus Bochum.

Von 1982 bis 1989 arbeitet er als Dramaturg, Bühnenkomponist und Schauspieler am Schauspielhaus Bochum, Staatstheater München, Düsseldorfer Schauspielhaus, Theater Bonn sowie am Théatre du Point Aveugle in Marseille. Er arbeitet mit Claus Peymann, Manfred Karge, Mathias Langhoff, Alfred Kirchner, BK Tragelehn, Wilfried Minks, Götz Loepelmann; die für ihn künstlerisch prägendste Zeit war jedoch vor allem die Zusammenarbeit mit Heiner Müller – „nach dem rheinischen Karneval mein zweiter Kulturschock".

Zwischen den Theaterengagements schreibt Michael W. Erdmann als Publizist und Autor Kritiken, Features, Essays, Hörspiele für Print und Hörfunk. In die Zeit von 1992 bis 1994, Erdmann lebt in Düsseldorf, fällt eine intensive Auseinandersetzung mit dem Werk Samuel Becketts. Er ist Leiter des Internationalen Samuel Beckett Symposions und organisiert die Veranstaltungsreihe „FIASKO: Kabarettisten lesen Erzählungen von Samuel Beckett" mit Hanns Dieter Hüsch, Mathias Beltz, Horst Schroth und Konrad Beikircher.

1994 folgt ein kurzes Intermezzo als Chefdramaturg und Co-Direktor am Schloßtheater Moers, dann kehrt Michael W. Erdmann dem Theater und Deutschland den Rücken. In den nächsten Jahren entstehen vor allem Gedichte und Reiseberichte: USA, Oman, Arabische Emirate, Mexiko, Venezuela, Südafrika, Marokko, Kenia, Irland …

Ende der 90er Jahre verschlägt es Erdmann der Liebe wegen wieder ins Ruhrgebiet, mit dem er sich als umtriebiger Journalist und Moderator der Ruhrgebiets-TalkShow „Senf dabei!" in Mülheim und Essen auseinandersetzt.

Im Oktober 2001 erfährt er seinen „dritten, bedeutendsten und schönsten Kulturschock": sein Sohn Max wird geboren. Seit August 2002 lebt Michael W. Erdmann als „artist in residence" im „Hotel Bungertshof" in Königswinter und verfällt wieder zusehends und mit anwachsendem Vergnügen dem rheinischen Frohsinn.

★   ★   ★

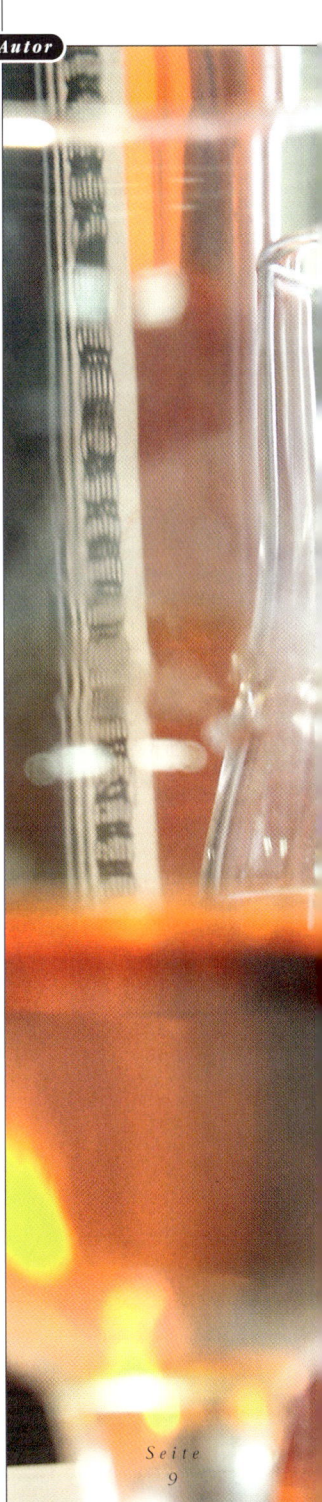

*Absinth – nicht mehr verboten
und dennoch TABU.*

Zu wohl keinem anderen Getränk existieren mehr phantastische Geschichten als zum Absinth. Als inspiratives Getränk der Künstler und Intellektuellen seit dem endenden 19. Jahrhundert wie auch als Seelentröster für das einfache Volk erlangte die smaragdgrüne Flüssigkeit einen geradezu legendären Ruf. Ob Van Goghs Farbenrausch oder Baudelaires intensiv traurige Poeme, sie alle entstanden vermutlich unter dem Einfluss der „Grünen Fee", die die Kreativen zwar beflügelte, sie bei allzu großer Absinth-Liebe allerdings auch in die Gosse trieb.

Der damalige Absinth enthielt unkontrollierte Mengen an Thujon, eines Inhaltsstoffes des Wermutextrakts, dem eine ähnlich bewusstseinserweiternde Wirkung wie dem Cannabis-Wirkstoff THC nachgesagt wird. Der starke Missbrauch des hochprozentigen Getränks zur Zeit des Ersten Weltkriegs, als nicht nur französische, sondern auch deutsche Soldaten die Kriegsschrecken mit Absinth auszublenden versuchten, war einer der Hauptgründe, die zu einem Absinth-Verbot in beinahe allen westlichen Staaten im Jahre 1923 führten. Es wird heute bezweifelt, ob die Gefahren damals nicht dramatisiert worden sind, denn um eine gesundheitliche Schädigung zu bewirken, müssten von dem auch heute noch 50-79 volumenprozentigen Feengetränk unmenschlich viele Gläser getrunken werden. Bei drastischen Fällen, die zur hohen Zeit des Absinth auftraten, wurde später nachgewiesen, dass der erhoffte Genuss gepanscht war und die Gesundheitsschäden vom teilweise verwendeten minderwertigen Alkohol herrührten. Der Aufschrei ob des Verbots im Volk war jedenfalls gewaltig, man stelle sich vergleichsweise vor, den Russen würde der Wodka entzogen. Doch an dem Verbot war nicht mehr zu rütteln.

So stellte auch die Brennerei Felix Rauter, der erste Anbieter von Absinth in Deutschland und mit der Handelsregisternummer 7 von 1853 eine der ältesten Essener Firmen überhaupt, die Produktion gezwungenermaßen ein. Auch das Außerkrafttreten des Absinth-Gesetzes Ende 1981 änderte an der Rechtslage wenig: Die Aromenverordnung verbot weiterhin die Verwendung von Wermutöl und Thujon, so dass jahrzehntelang Absinth nur in Portugal, Spanien und Dänemark zu genießen war. Im Zuge der Vereinheitlichung machte sich das Europarecht jedoch für das Wermutgetränk stark. In der dem Europarecht 1991 angepassten Aromenverordnung ist zwar die Verwendung von Thujon weiterhin verboten, erlaubt war nun jedoch die Verarbeitung thujonhaltiger Pflanzen und Extrakte aus diesen Pflanzen.

Die Brennerei Rauter knüpfte schnell wieder dort an, wo man knapp 70 Jahre vorher hatte aufhören müssen. Das alte Familienrezept aus dem 18. Jahrhundert wurde an die heutige Rechtslage angepasst und endlich konnte man wieder Absinth herstellen und vertreiben, übrigens erneut als erste Brennerei in Deutschland. Unter dem Markennamen TABU Absinth werden heute drei Destillate angeboten:

Im Gegensatz zu vielen Destillaten anderer Brennereien kann der „TABU Absinth 55" (55% vol. Alkohol) mit Bedacht auch pur getrunken werden. Seine ausgewogene Milde und Bekömmlichkeit gehen zurück auf das Rauter-Rezept aus dem 18. Jahrhundert, nach welchem Absinth aus frischem Wermutkraut zu „brauen" ist. Mit diesem Rezept ist die grüne Fee auch hier nun wieder erhältlich.

T A B U
A b s i n t h
c l a s s i c
s t r o n g

Der „TABU Absinth 73 classic strong" (73% vol. Alkohol) ist ein hochprozentiger Bitter mit dem dreifachen Wermut-Anteil des „TABU Absinth 55". Gänzlich unter Verzicht auf eine Vorzuckerung hergestellt, ist er nicht für den puren Genuss gedacht, sondern für den fortgeschrittenen Absinth-Kenner, der Zeit und Ruhe mitbringt, dieses Produkt rituell zuzubereiten und mit Bedacht zu genießen. „TABU Absinth 73 classic strong" wird aus rein natürlichen Ingredienzien hergestellt. Seine Farbe erhält er durch Extrakte aus Brennessel, Spinat und Fruchsaft.

T A B U
A b s i n t h
5 5

Mit zartem Wermut-Anis-Geschmack, angereichert mit einem feinen Destillat aus Orangenschalen ist „TABU Absinth red" von Rauter sozusagen die Zeitgeist-Spirituose für all jene, die für das Besondere im Glas eine besondere Antenne haben, ob mit Mineralwasser gemixt als ideale sommerliche Erfrischung oder als Partydrink.

Wie der köstlich geheimnisvolle Tropfen schmeckt, kann jeder gern probieren. Wie er hergestellt wird, bleibt jedoch ein ebenso großes Geheimnis wie die Frage, ob sich Van Gogh wirklich im Absinthrausch sein Ohr abschnitt.

★ ★ ★

T A B U
A b s i n t h
r e d

Il s'absinth souvent.
Eine Bildbetrachtung.

———— **❶** ————

Es wird uns auch in absehbarer Zukunft kein Buch über Absinth unter die Augen kommen, in dem die folgende Anekdote nicht zum Besten gegeben wird: Alfred de Musset (1810-1857), der leichtfüßigste unter den französischen Melancholikern, im Gespräch mit dem Sekretär der Académie francaise, deren Mitglied er war: „Monsieur Musset s'absent souvent", sagt der Sekretär. Darauf Musset: „Vous voulez dire qu'il s'absinthe un peu trop."

Zu deutsch hieße das annäherungsweise: „Er absinthiert sich, und zwar ein bisschen zu oft." Dieses von minderen Stilisten überschätzte Bonmot – ich bitte Sie, wer wenn nicht Musset hätte dergleichen aus dem Ärmel schütteln müssen; egal nach wie vielen Absinthierungen – verweist indes auf einen alles andere als doppeldeutigen Tatbestand. Und diesem Bestand könnte man mühelos mit Bildern aus nur einem, vielleicht zwei Jahrzehnten eine umfangreiche Ikonographie widmen: den Absinth trinkenden, der Welt abhanden gekommenen Tagträumern; nennen wir sie „Absinthés". Sie sitzen allein – manchmal auch zu zweit allein – mit halb geschlossenen Lidern, den Blick versenkt in fernste Innenwelten, die sich ausbreiten direkt vor ihnen auf dem Caféhaustisch.

Immer aber sitzen sie, soll heißen: Sie stehen nicht, sie gehen nicht, nur ist das Sitzen gemäß den Gesetzen der Schwerkraft und des Wermuts dem Liegen zuweilen recht nahe gerutscht. Und, wichtig: sie sitzen in der Öffentlichkeit. Und das signifié schlechthin: sie sitzen vor ihrem Erkennungsmerkmal, ihrem vergeblichen Altar, ihrer schimmernden Eucharistie, ihrem „eine Rose ist eine Rose ist eine Rose...": dem duftend grünen Glas. Daneben die Karaffe mit dem Wasser, in dem das Eis schon lang geschmolzen ist.

Der Absinthé in diesem Sinne ist eine Nebenfigur des Flaneurs, gewissermaßen seine weltabgewandte – um das Wortspiel noch einmal zu bemühen: weltabsinthierte – Ausgabe. Gemeinsam ist beiden die Interesselosigkeit. Was immer an Welt sich ausbreitet in Passagen und unter Arkaden, auf Boulevards, Plätzen und Trottoirs, der Flaneur betrachtet es

aus gleichbleibend emotionaler Distanz – cool – mit interesselosem Wohlgefallen, mithin als profane Kunst, urbanes Artefakt, schönen Alltag in der Warenwelt.

Nur diese – das weiß er schon – ist die wahre Welt. Das Wort „Landleben" wäre dem Flaneur a) scheußlich und b) unwahr bis zur Grausamkeit. Öffentlichkeit ist der weite und weltoffene, steinerne, eiserne, gläserne Ort der Stadt, genauer der Metropole; hohe, begehbare und befahrbare Architektur, in der die Kontinente, ihre Fremdheiten und ihre Fremden ein- und ausgehen. Metropole ist da, wo die Welt sich zuhause fühlt. Man fliegt da nicht hin. Es ist nicht chic, Mallorca eine „Destination" zu nennen. Oder „Domrep" zu sagen. Das ist vulgär. Man lässt sie kommen, die Welt, das ist mondän.

Öffentlichkeit – als hier gemeintes Biotop für Flaneur und Absinthé – ist der Ort, an dem die Waren sich ausbreiten, gut und schön und bunt. Aber man schaut nicht auf die Preisschilder, der Flaneur ist kein Schnäppchenjäger. Es gibt auch noch keine Strichcodes und kein Scannergepiepse an den Kassen. Die Welt ist noch nicht durchcodiert. Noch hat sie Stil. Aber es gibt eine Ahnung, keine gute. Der Absinthé scheint davon albzuträumen. Zwar sitzt er mitten drin in dieser Welt; bewaffnet mit Stock, Hut, später – also heute – mit Einkaufstüten, Handys und Hackenporsches, tobt sie um ihn herum von Ausverkauf zu Ausverkauf. Jeden Tag eine neue Welt. Der Absinthé glaubt das eher nicht, zumindest ist es ihm wurscht bis zur Schwermütigkeit. Signalisiert der

Flaneur noch ein interesseloses Interesse an der Außenwelt, so ist der Absinthé versunken in interesselosem Desinteresse.

Öffentlichkeit ist für den Flaneur selbstredend und nicht zuletzt auch der Ort, an dem man sich selber als gut gekleidete Befindlichkeit – aber, wie gesagt: immer schön cool – spazieren führt. Mobiler Narzissmus, damals – um einmal eine pathetische Vokabel zu bemühen – also noch zu Fuß, wie gehabt mit Stock und Hut. Heute gerne auch im Cabrio, im Foyer, auf der Vernissage und lärmend zusammengefaltet auf ein plattes „Sehen und Gesehenwerden".

Auch von solch eitel-albernem Treiben ist der Absinthé Lichtjahre von grünschimmernder Innerlichkeit entfernt. Der Absinthé ist der ruhig gestellte Flaneur. Aber hören kann er das nicht. Das Geräusch der Welt, in der er selber zum leblosen Mobiliar geworden ist, dringt nicht mehr an sein Ohr. Des Wanderns auf dem Jahrmarkt der Narzissen und Narzissmen, der Düfte und Duftnoten, der täglichen neuen Welt und Welten müde, ist er schon angekommen im Sirenengesang von Richard Straussens letztem der „Letzten Lieder", mithin auch bei Eichendorff:

„O weiter, stiller Friede,
so tief im Abendrot!
(Das müsste jetzt hier eigentlich „grün" heißen ...)
Wie sind wir wandermüde –
ist dies etwa der Tod?"

★　★　★

❷

Nach meiner unmaßgeblichen Meinung ist der Absinth unter anderem deswegen ein so bemerkenswertes, ja ein so magisches Getränk weil er a) theatralisch und b) katholisch ist. Mit katholisch meine ich nicht die Thomas-von-Aquin-Seite des Katholizismus (seine beste), von der der Katholizismus ja leider sowieso nicht mehr die geringste Ahnung hat. Ich meine die populistisch-zeremoniell-mystische Ecke. Ich bitte Sie: ein Getränk, das sich durch die bloße Vermischung von Wasser (klare Flüssigkeit) + Likör (grün aber auch klar) in ein opaleszierend, undurch-

sichtiges, grünes Etwas verwandelt! Zwei Transparenzen verfließen zu einem opaken Traum. Und das Resultat verbreitet dann auch noch – weihrauchgleich duftend – eine Wirkung, als hätte man eine Tüte Haschisch inhaliert. Das ist mystisch, es ist theatralisch, es muss zelebriert werden und es will beeindrucken bis zur Angeberei. Also ist es populistisch.

Vielleicht trifft das nicht unbedingt Ihre Vorstellung von katholisch. Aber es ist hundertprozentig (mindestens aber hochprozentig) das Gegenteil eines protestantischen Gesöffs. Das nämlich hat Luther eigenmäulig so definiert: „Iß, was gar ist. Trink, was klar ist. Sprich, was wahr ist." Das läuft ganz offensichtlich auf Korn raus, dazu Würste, Sauerkraut und Bier. Hier sitze ich und kann nicht anders. Nun ja, man wird satt, ist auch lecker, und betrunken wird man auch. Aber ein ganz klein bisschen platt ist es auch und leider völlig ohne Sinn für den feenhaften Zauber sich verwandelnder Getränke.

★   ★   ★

——— ❸ ———

Ein Bildnis, welches noch zu malen wäre, die große Promi-Runde der Absinth-Trinker: Zola, Verlaine, Musset, Gauguin, Picasso, Jarry (in Begleitung von Ubu Roi persönlich), Manet, Rimbaud, Degas, Toulouse-Lautrec mit seinem absinthgefüllten Krückstock, van Gogh, Edmond de Goncourt sitzen am französischen Tisch; Nadar fotografiert. Der englisch-sprechende, zeitenübergreifende Tisch: Walt Whitman, Mark Twain, William Thackeray, Edgar Allen Poe – wir setzen ihn mit Hemingway zusammen und einer langläufigen Knarre, die er von einem Jagdausflug mit Rimbaud aus Afrika mitgebracht hat – stellt uns die zwei Herren in seiner Begleitung vor: seinen Freund, den Rechtsanwalt und Ornithologen Henry Beck Hirst und den Verleger John Sartain. Baudelaire nutzt die Gelegenheit – selbstredend nur im Dienste der Kunst – und überarbeitet seine französische Übersetzung von Poes „The Raven", sitzt also mit in der amerikanischen Runde.

An der Wand im Hintergrund steht ein Klavier mit einem grün schimmernden Glas oben auf. Statt der Noten hat sich der alte Mann am Klavier einen Spiegel aufgestellt. Vollkommen ausdruckslos und insistierend schauen sich der Pianist und sein Spiegelbild gegenseitig in die Augen und warten darauf, dass einer von beiden zuerst stirbt: Erik Satie möbliert den Raum mit traurigen, verloren klappernden Kinderliedfragmenten aus seiner meeresberauschten Kindheit. Er wendet uns naturgemäß den Rücken zu, in Mantel, mit Melone, den Regenschirm hat er in die Tastatur gehängt. Hinterm Klavier stapelt sich die ungeöffnete Post der letzten dreißig Jahre. Das können wir auf dem Bild natürlich nicht sehen. Aber wenn man's weiß, ist es – irgendwie – ein tröstender Gedanke.

Adolphe Monticelli,
Selbstporträt

Was für ein geschmackvoller,
stilsicher kopierender Maler
Monticelli auch sein konnte, sieht
man an diesem schönen
falschen Rembrandt.

(aus „Absinthe – History
in a bottle"; Barnaby Conrad III.)

Viele Namen, die vielen trink-traurigen Gesichter auf den Ölgemäl-
den, Gouachen, Pastellen und Zeichnungen kennen wir gar nicht. Sie
gehören an die anderen Tische, an die Tische der Verlorenen, jeder für
sich, in seinen eigenen, entschwebenden grünen Traum. Andere, wie die
französischen Maler Monticelli und Raffaëlli, Dichter wie Charles Cros
und Raoul Ponchon oder der englische poet maudit und Dandy Ernest
Dowson, sein malender Landsmann Albert Rutherstone u.v.a. sind unserer Allgemeinbildung weitgehend abhanden gekommen. Aber auch sie
gehören dazu. Setzen wir sie an den Tisch den Vergessenen. Und tun wir
etwas für ihre Rehabilitation mit den Mitteln des Buchdrucks, indem wir
auch Ihre Worte und Bilder in diesem Kapitel dokumentieren. Voilà.

★   ★   ★

Ernest Dowson,
Absinthia Taetra

Green changed to white,
emerald to opal;
nothing was changed.
The man let the water trickle
gently into his glass,
and as the green clouded,
a mist fell from his mind.
Then he drank opaline.
Memories and terror beset him.
The past tore after him like
a panther and through the
blackness of the present
he saw the luminous tiger eyes
of the things to be
But he drank opaline.
And that obscure night of the
soul, and the valley of
humiliation, through which he
stumbled, were forgotton.
He saw blue vistas of
undiscovered countries, high
prospects and a quite
caressing sea.
The past shed its perfume
over him, to-day held his hand
as if it were a little child,
and to-morrow shone like a
white star: nothing was changed.
He drank opaline.
The man had known the
obscurenight of the soul,
and lay even now in the valley
of humiliation; and the tiger
menace of the things to be
was red inthe skies.
But for a little while he
had forgotton.
Green changed into white,
emerald to
Opal: nothing was changed.

—— ④ ——

Von Dowson, dem Frühverstorbenen, stammt auch eine der schönsten und – bei aller Poesie – nüchtern zutreffendsten Beschreibungen der Psychologie und Weltenlage des Absinth-Trinkers, seiner quietistischen Philosophie: „Absinthia Taetra" heißt das todtraurige Prosagedicht, das wir hiermit der Vergessenheit sanft entreißen. Ich belasse es gern und nicht aus Faulheit im Englischen. Erstens klingt es in seiner Sprache schöner, zweitens habe ich keine gute deutsche Übersetzung gefunden und drittens: Spätestens bei den Worten „he drank opaline" werden auch die poetisch begabten Anglisten unter uns die Waffen strecken. Wie wollen wir das übersetzen, ohne dass es albern klingt?

Wie viele Wortgewandte hat auch Dowson den Absinth gelegentlich verklärt: *„Whiskey and beer are for fools; absinthe for poets; absinthe has the power of the magicians; it can wipe out or renew the past and annul or foretell the future. "* Aber diese jungenhafte Rumsülzerei (wie konnte er nur seinen heimatlichen Scotch mit einem Idiotengetränk verwechseln!?) hat er zum Glück später unter heftigsten Ausdrücken des Bedauerns und der Reue zurückgenommen.

Oscar Wilde – bei wie immer passender Gelegenheit – schwärmte: *„Absinthe has a wonderful colour, green. A glass of absinthe is as poetical as anything in the world. What difference is there between a glass of absinthe and a sunset?"* Allerdings war Wilde – wie Verlaine ein von der Gesellschaft verurteilter Homosexueller – auch ein Plauder-Schmetterling; soll heißen, auch zum Thema Absinth hat er sich je nach Gelegenheit mal so und dann auch wieder nicht so geäußert. Bei anderer Gelegenheit also meinte Oscar: *„I never could quite accustom to absinthe, but it suits my style so well. "* Und wieder ein Plauder-blümchen weiter heißt es: *„After the first glass you see things as you wish they were. After the second, you see things as they are not. Finally you see things as they really are, and that is the most horrible thing in the world. "* Ich denke, Wilde hat – unabhängig vom Plauderanlass – die Dinge vor allem immer so gesehen, dass sie auf eine Pointe zu seinen Gunsten hinausliefen. Seine Grammatik war eine Pointenmaschine, und seine Sentenzen haben nach wie vor ihre eigene Ratio, ihr Wahrheitsgehalt ist nicht unwesentlich auf den Charme ihrer Paradoxien gegründet.

Adolphe Monticelli,
Der Trinker

Ein außerordentlich gutes Bild,
ein wüstes, kräftiges, verzweifeltes
Trinkerbild, den inneren Zustand
der Verwüstung darstellend.
Ein Schlachtfeld, das ebenso gut
auch nach den beiden Weltkriegen
hätte gemalt werden können.

(aus „Absinthe – History
in a bottle"; Barnaby Conrad III.)

Wilde und Dowson kannten sich übrigens. Es war im Jahr 1897, Wilde nannte sich Sebastian Melmoth, nach der schauerlichen Titelfigur aus dem ebenso schauerlichen Roman „Melmoth der Wanderer" seines Onkels, dem Reverend Charles Maturin. Nachdem der Gefängnisaufenthalt in Reading Gaol ihm fast das Rückgrat, zumindest aber das Herz gebrochen hatte, nachdem die englischen Jesuiten ihm die Klostertür vor der Nase zugeschlagen hatten, und ehemalige, gleichfalls homosexuelle Freunde wie André Gide oder Stuart Mill ihn in Paris nicht mehr kennen wollten, war er selbst zum Heimatlosen und Ausgestoßenen vereinsamt. Wie der Wanderer Melmoth, der wegen eines Satansdeals seine Seele verloren, gegen eine hundertjährige Wanderschaft als Vampir und Untoter eingetauscht hatte: „Ich bin ein Vagabund. Dieses Jahrhundert wird zwei Vagabunden gekannt haben, Paul Verlaine und mich."

Raoul Ponchon,
L'Absinthe

Absinthe, je t'adore, certes.
Il me semble, quand je te bois,
Humer l'âme des jeunes bois,
Pendant la belle saison verte!
Ton frais parfum me déconcerte
Et dans ton opale je vois
Des cieux habités autrefois,
Comme par une porte ouverte.
Qu'importe, ô recours des maudits!
Que tu sois un vain paradis,
Si tu contentes mon envie;
Et si, devant que j'entre au port
Tu me fais supporter la vie,
En m'habituant à la mort.

Wir wollen an dieser Stelle kurz und korrigierend auf Rimbaud hinweisen, von dem man zu diesem Zeitpunkt – also 1897 – allerdings schon glaubte, er sei irgendwo in Afrika verschollen und verstorben. In Wahrheit hatte er sich 1890, nach schier unglaublich waghalsigen und hartherzigen Abenteuern (Sklaven- und Waffenhandel gehörten zu seinen afrikanischen Unternehmungen) in Marseille bei Mutter und Schwester verkrochen; war nach grausamen Verstümmelungen durch Syphilis oder Krebs oder sonst was, schließlich nach einer Beinamputation und einem finalen Übertritt zum Katholizismus elendiglich verreckt. Hätte van Gogh die glühende Finsternis der Romane von Joseph Conrad illustriert, er hätte Rimbaud malen müssen, den fürchterlichsten der Wanderer, von denen wir also hiermit ein Trio aufgestellt hätten: Rimbaud, Wilde und Verlaine. Ein weiteres, noch zu malendes Bild.

Zurück zu Wilde. Er hatte sich drei Jahre vor der Jahrhundertwende sterblich in den damals dreißigjährigen, frühreifen Ernest Christopher Dowson verknallt. Der lehnte dankend ab und schlug stattdessen einen Hurenbesuch in Dieppe vor. Wilde danach zu seinem Freund: „*It was like chewing cold mutton.* " Da war also nichts zu machen gewesen, und sarkastisch fügte er hinzu: „Aber erzähl es in England. Es wird meine Reputation bestens wieder herstellen." Stattdessen starb Dowson, was sich Wilde einmal mehr schwer zu Herzen nahm: „*Poor wounded wonderful fellow that he was: a tragic reproduction of all tragic poetry, like a symbol or a scene. I hope bay-leaves will be laid on his tomb, and rue, and myrtle too, for he knew what love*", schrieb Wilde an seinen Verleger Leonard Smithers. Die nächsten, letzten Jahre standen für Oscar „Melmoth" Wilde unter dem zynischen Motto: „*Ich fechte mit meiner Tapete ein Duell auf Leben und Tod aus. Einer von uns muß gehen.* " Der einstige König der Salonlöwen vergammelte Balzac lesend, Absinth trinkend in den Pariser Cafés, wo sich niemand mehr an seinen Tisch setzen wollte. Syphilis, ein Abszess im Ohr und eine Erkältung gaben ihm schließlich den Rest.

Im Zusammenhang mit meiner Behauptung, Absinth habe etwas Katholisches an sich, möchte ich den späten, schon sehr kranken Oscar Wilde, der als Kind und Jugendlicher unglücklich in der anglikanischen Staatskirche aufwuchs, mit einer interessanten Charakter-Selbstanalyse zitieren: „*Much of my moral obliquity is due to the fact that my father would not allow me to become a Catholic. The artistic side of the*

Church and the fragrance of its teaching would have cured my dege-
neracies. I intend to be received before long. " Nicht, dass diese kleine
Studie meine Behauptung irgendwie erhellen würde. Aber ich finde, sie
bereichert sie. Seinem vergessenen Wanderfreund Rimbaud nacheifernd
konvertierte auch Wilde noch auf dem Sterbebett – er konnte schon nicht
mehr sprechen – ließ sich taufen, die Absolution erteilen und starb.

★   ★   ★

---- **5** ----

Es wären noch so viele, so viele schöne Bilder zu beschreiben. Nehmen
wir einige in unsere kleine Galerie mit auf. Fangen wir mit einem unbekannten Maler, mit einer vage nur benannten Lokalität an (Abb. auf
Seite 27, oben links) – immerhin können wir am oberen Bildrand und
in Spiegelschrift die Buchstaben „Athene" entziffern (es könnte sich also
um das Café „Nouvelle Athène" handeln, einen der beliebtesten Treff-
punkte und Debattierclubs der malenden Avantgarde); der nicht-gespie-
gelte Text zeigt sich nur nach draußen, ins gemalte Straßenbild; und wir
beginnen unseren kleinen Reigen mit einer schönen Unbekannten.

Wir fangen sehr prosaisch an, mit einem Caféhausstuhl im Vorder-
grund des Bildes, der sehr nach einem frühen Thonet ausschaut. Dann
ein ovaler Tisch, helles Holz, täglich geschrubbt, wie ich ihn aus rheinischen Brauhäusern und irischen Pubs kenne. Meist ist das Linde. Und
jetzt die Frau: Sehr heller Teint. Das Blut ist anderswo. Ein küssenswerter,
sehr verschlossener Mund über einem runden, kleinen Grübchen. Ich
schweige von dem Kleid. Sie ist ein Landei und kann nichts dafür. Was
immer an Figur und Körper darunter sich verbirgt, wir können es nicht
einmal erahnen. Hätte es auch nur annähernd den Silberblick-Charme
dieses Gesichts, es wäre ansehenswert. Nun, wie auch immer: Fürs Shop-
ping in Paris reichte nicht das Geld, für ein Absinth-Träumchen schon.
Einen Ehemann gibt es noch nicht, kein Ring an keinem Finger. Der einzige Lover für diesen späten Nachmittag ist eine Frau: die Grüne Fee.

Und jetzt kommt: Ein Hut auf diesem Jungfrauenkopf, so wie ich mir
einen Hut vorstelle, wenn ich mir vorstellte, Manet und Herbert Achternbusch würden sich für die Dauer einer Dreiviertel-Sekunde gemeinsam –
und ausnahmsweise mal nicht beim x-ten Andechser Gefühl sondern

beim fortgeschrittenen Absinth – einen Frauenhut vorstellen. Das runde, troddelige Etwas, das den so wundersam schielenden Blick verschattet, wird – und soweit dann Manets Beitrag – obenauf verziert durch vier rosa Blümchen unbekannter Gattung. Schätzungsweise Rosen, Nelken, was weiß ich. Und da noch oben drauf, irgendwie dahinter montiert, sehen wir den sub-alpin-anarchistischen Beitrag von H. Achternbusch: Es sind zwei Federn – wiederum wissen wir nicht, welcher Gattung die nun wieder ausgerissen wurden – die ein Geweih nachstellen. Hinter den dekorativ verzierten Fensterscheiben schweben ein paar Figuren wie auf Schlittschuhen durchs abendliche dunkle Blau. Und ganz hinten tupfen gelbe Lichter abschließende Tiefe in die urbane Architektur.

Es gibt da noch ein paar wirklich gute Bilder von Picasso, die ich jetzt trotzdem nicht in extenso kommentiere. Warum nicht? Eines zeigt – um 1902 gemalt – den Dichter Cornutti nebst weiblicher Begleitung; und Cornutti sieht ebenso verhungert aus, wie seine weibliche Begleitung teilnahmslos. Cornutti starb wenig später an Unterernährung. Gehört das in ein Kochbuch? Nein! Ein anderes Bild von Picasso, es heißt „Das Absinthglas" und wurde 1911 gemalt, fällt in die sogenannte analytisch-kubistische Phase. Ich oute mich hiermit gerne als Kubismusfeind, gestehe, dass ich auf dem Bild, außer einem was-auch-immer tranchierendem, kubistischem, grau-grünem Gemetzel nichts erkenne. Ich weiß, das ist ein Fehler. Aber, wenn ein Mann seinen Fehler eingesteht – mehr als einen hat er ja selten – muss ihm dieser Fehler sofort und auf der Stelle verziehen werden. Mit Frauen ist das etwas anderes, weil die ja nie etwas gestehen. Davon ein andermal.

Picassos „Absinth trinkende Frau" von 1901, ein bedrückendes Bild, zugleich eine ungeheuer schöne Komposition; aus dem gleichen Jahr, dennoch stilistisch wie von einem anderen Planeten, auch eine beklemmend-paranoide Studie; dann die beiden in absinthgrün gemalten Frauenrücken aus Barcelona, nur ein Jahr später; und wieder wie von einem anderen Maler gemalt; Picasso war – neben Klee – der Maler, der mich für die Malerei gewann und mich faszinierte wie kein zweiter. Aber ich muss nicht immer etwas dazu sagen.

Gauguin fehlt noch, er malte der Frau „Dans un Café à Arles" das Grün direkt ins Gesicht, und der Billardtisch leuchtet von Absinth. Van Goghs „Nachtcafé in Arles", auch hier gibt es diesen Billardtisch, das

Unbekannter Künstler

(aus „Absinthe – History in a bottle"; Barnaby Conrad III.)

Grün strahlt verzweifelt von der Decke, auf den Bistrotischen, in den Köpfen der Menschen, und jede Lampe glüht wie eine Sonne. Toulouse-Lautrec, wenn er wiederum van Gogh gemalt hat oder andere, dem Absinth Ergebene malte, wird hier nicht gewürdigt. Den Kunstführer dürfen andere schreiben. Vielleicht übersetzt mal jemand das bereits erwähnte Buch von Barnaby Conrad III. ins Deutsche. Da sind sie alle zu sehen und beschrieben, die Bilder und die Maler und all die anderen dichtenden, sich sonstwie herumtreibenden Getriebenen.

And now: something completely different!

Es existiert da noch ein Bild, von dem können wir schlecht schweigen. Da gibt es nämlich zwei, drei Details auf diesem Gemälde, die höchst merkwürdig, unauffällig-erwähnenswert und zeitenüberdauernd sind.

Raoul Ponchon, Selbstporträt

Ponchon hat mindestens ein halbes Dutzend grüne Gedichte geschrieben. Hier allerdings, mit kräftigem, elegantem Strich selbst gezeichnet, stigmatisiert mit Säufernase und starrem Blick, hält er unverkennbar ein Bierglas.

(aus „Absinthe – History in a bottle"; Barnaby Conrad III.)

Charles Cros,
Mit Blumen und mit Frauen

Mit Blumen und mit Frauen,
Mit Absinth und mit
jenem Feuer, Können wir für
eine Weile Ablenkung finden,
Unsere Rolle in einem
Drama spielen.
Absinth, an einem Winterabend,
Taucht die geschwärzte Seele
in grünes Licht;
Und Blumen, auf der
Geliebten, Blühen duftend vor
dem klaren Feuer.
Später verlieren Küsse ihren
Zauber, Der so manches Jahr
gedauert hat; Und nach
gegenseitigem oftmals
wiederholtem Betrug
Trennen wir uns eines Tages,
ohne eine Träne zu vergießen.
Wir verbrennen Briefe und
Buketts. Und Feuer ergreift unser
Gemach; Und falls das
traurige Leben errettet wird
So bleibt immer noch
Absinth mit seinem Schluckauf ...
Die Porträts werden von
Flammen verzehrt ...
Runzelige Finger zittern ...
Wir sterben an langem Schlaf
Mit Blumen und mit Frauen.

Wir kommen auch gleich zur Sache. Es geht um Edouard Manets fast lebensgroßes Ölbild „Der Absinth-Trinker", gemalt und vom Pariser Salon, dem alljährlichen gesellschaftlichen Existenzbeweis für Bildende Künstler, als Ausstellungsbeitrag zurückgewiesen a. D. 1859. Die Jury mochte das Bild nicht aufhängen; vermutlich um einen Skandal zu vermeiden, den man schon sechs Jahre zuvor nicht im Haus hatte haben wollen. 1853 war der aktuelle Regent Louis-Napoléon Bonaparte – verglichen mit dem Original-Napoléon eine historische Witzfigur – durch die Ausstellung geschlendert, hatte eines von Gustave Courbets Gemälden gesehen, war sodann ob des Anblicks zornig beleidigt, zückte seine Reitpeitsche und verprügelte das Bild. Höchst albern auch sein ästhetisches Diktum, das Bild sei „vulgär realistisch".

Gesamteindruck: Es ist ein dunkles, ja ein düsteres Bild. Es porträtiert, vom sechsundzwanzigjährigen Manet nach der Art älterer Meister gemalt, einen Lumpensammler, den er von der Straße her kannte. Selbst in braune Lumpen gehüllt, einen demolierten Zylinder auf dem Kopf, sitzt er halb stehend auf einer Art Mauervorsprung, mit dem einen Fuß noch geerdet hat er den anderen auf seltsame Weise einen halben Tanzschritt vor sich hin auf die Zehen gestellt. Eine tiefschwarze Flasche liegt – offensichtlich geleert – vor ihm auf der Straße; tiefdüster auch der unheimliche Schatten, wie ein schwarzes Gespenst, das hinter ihm an der Wand hockt. Das schattenlose Glas mit dem Absinth ist nicht auf die Mauer gestellt, es schwebt darüber wie ein heiliger Gral und reflektiert als einziger Gegenstand auf diesem Bild einen Lichtschimmer. Sein Gesicht, unrasiert, ohne erkennbaren Ausdruck, aber nicht unfreundlich, wirkt auf träumerische Weise amorph, als wäre seine Physis in Auflösung.

Der Skandal des Bildes bestand in der programmatischen anti-bourgeoisen Poetisierung und Überhöhung einer namenlosen, heruntergekommenen Alltagsfigur, eines Trinkers, so wie Manet es proklamiert hatte: „Wir müssen unsere Zeiten akzeptieren und das malen, was wir sehen." Oder wie Manets Freund Baudelaire, kunsttheoretischer Vordenker der malenden Alltagspoetiker es ausdrückte: „Der Maler, der wahre Maler wird derjenige sein, der aus unserem Gegenwartsleben seine epischen Qualitäten extrahieren kann; der uns in Farben und Linien sehen und verstehen macht, wie groß und poetisch wir sind, mit unseren Krawatten und unseren Lederschuhen."

A

Manet hat sich den Absinthtrinker noch zweimal vorgenommen. 1862 als Stich, wieder mit diesem schwarzen Gespenst im Rücken und dem seltsam vorgestreckten Fuß; und dann noch einmal 1867 in einer Zeichnung, und jedes Mal sah der Mann unter dem Zylinder Baudelaire ähnlicher. Im gleichen Jahr hat das schwarze Gespenst den Dichter geschluckt. Der große Besinger der urbanen Szenarien der Gassen und Gossen, der Trinker und Huren, der Süchte, Räusche und der Drogen hatte den Absinthlöffel abgegeben.

Der Absinth war weiß Gott nicht die einzige Droge, mit der die Künstler und die anderen, die es mitbekamen und irgendwie spürten, der Entheiligung und der endgültigen, irreversiblen Profanisierung der Alltagswelt entflohen; aber es war die billigste, bei der die meisten es sich leisten konnten, in Gesellschaft allein zu sein. Guy de Maupassant präferierte Äther, Marcel Proust war abhängig von Kampferzigaretten; Opium und Morphium waren beliebt aber eben teuer, Sarah Bernardt machte Werbung für einen Wein mit aufputschender Cocalösung, und wenig später kam ein Dr. Sigmund Freud auf den Geschmack von Kokain. Alles in allem waren die Zeiten den unsrigen, heutigen nicht unähnlich. Nachdem der Alltag nun einmal unwiderruflich erfunden war, das Profane uns inzwischen wie eine lebenslange zweite Eihülle umgibt, die Verzweiflung darüber in der Spaßgesellschaft von Event zu Event zu Grabe getragen wird, ist es nicht die schlechteste aller Ideen, ab und an zu einem berauschenden Getränk zu greifen, mit dem man sich nicht einfach auf die Schnelle wegkickt, sondern das zelebriert werden will.

Und das so viel schöne, traurige, ergreifende und moderne Geschichten hat wie: der Absinth.

✶ ✶ ✶

Ernest Dowson,
Summa brevis spem
nos vetet incohare longham

They are not long, the weeping
and the laughter,
Love and desire and hate;
I think they have no portion in
us after We pass the gate.
They are not long, the days of
wine and roses:
Out of a misty dream
Our path emerges for a while,
then closes Within a dream.

Gefüllte Auberginen
mit Frischkäse und Tomaten

Zubereitung

Auberginen

Die Auberginen längs in Scheiben schneiden. In Olivenöl, Kräutern und Knoblauch goldgelb braten. Leicht salzen, pfeffern und auskühlen lassen.

Käse

Den Käse mit der Pesto, dem Absinth und einem Teil der Vinaigrette marinieren. Gehackten Thymian dazugeben. Eine Frischkäsenocke jeweils auf das untere Ende der Auberginenscheiben setzen, einrollen und kalt stellen.

Tomaten

Die Roma-Tomate in Scheiben schneiden, die getrockneten Tomaten würfeln, den Lauch in Ringe schneiden und alles zu einem Salat vermischen. Die Pinienkerne rösten und unterheben.

Tomaten mit den Blattsalaten garnieren, mit der restlichen Vinaigrette marinieren und mit dem Pancetta und den Auberginen vollenden.

★ ★ ★

Zutaten

2 Auberginen
200 g Frischkäse
2 EL Pesto
4 Pancettascheiben oder
Frühstücksbacon geröstet
2 Roma-Tomaten
50 g getrocknete Tomaten
1 Bd. Frühlingslauch
5 cl TABU Absinth 55%
100 ml Balsamessigvinaigrette
1 EL Pinienkerne
Olivenöl zum Braten
Blattsalate zum Garnieren
Rosmarin
Thymian
Knoblauch

Sautierter Hummer
mit Melone á la Absinth und
Portwein-Karamel

Zubereitung

Fisch

Die Hummer in wallendem Salzwasser 3 Minuten kochen, in kaltem Wasser abschrecken und anschließend den Schwanz und die Scheren mit einem stabilen Messer ausbrechen. In einer großen heißen Pfanne den Hummer mit Olivenöl und Rosmarin kurz sautieren. Mit Salz und Pfeffer würzen.

Melone

Die Melonen halbieren, entkernen, und mit einem Parisienne-Ausstecher kleine Kugeln ausstechen. Die Melonenkugeln mit einer Prise Salz, Pfeffer, Lavendelessig und Absinth marinieren. In einem kleinen Topf den Portwein zu einer sirupartigen Konsistenz reduzieren.

Den Hummer in der Mitte des Tellers platzieren, die Melonenkugeln und den Portwein-Karamel um den Hummer arrangieren.

★ ★ ★

Zutaten

2 Hummer à 400 g
1 Zweig Rosmarin
2 EL Olivenöl
2 Cavaillon-Melonen
2 EL Lavendelessig
2,5 cl TABU Absinth red
Salz, Pfeffer
250 ml hellen Portwein

Vorspeise

Gebratene Rotbarbe auf Ratatouillevinaigrette mit Pinienkerncoulis

Zubereitung

Fisch

Den Fisch filetieren, entgräten und mit der Fischfarce und den Gemüsewürfeln füllen. Die Rotbarben dann anbraten, mit dem Pankomehl bestreuen und im Backofen 8-10 Minuten garen.

Ratatouillevinaigrette

Das Gemüse in feinste Würfel schneiden. Ebenfalls die Schalotte und den Knoblauch fein würfeln, und in Olivenöl anschwitzen.
Das Gemüse und Tomatenmark zugeben. Mit Absinth und weißem Balsamessig ablöschen und erkalten lassen.

Mit Olivenöl hochrühren und mit Thymian, Rosmarin und Salz abschmecken.

Pinienkerncoulis

Pinienkerne in Olivenöl in der Pfanne anrösten und fein hacken. Mit weißem Balsamico abschmecken und mit Oliven- und Walnussöl verrühren.

★ ★ ★

Zutaten

Fisch

4 Rotbarben á 120 g
100 g Fischfarce
30 g Gemüsewürfel
2 EL Pankomehl

Ratatouille-vinaigrette

80 g Auberginen
80 g Zucchinis
80 g rote Paprika
1 Schalotte
Knoblauch
1 TL Tomatenmark
Olivenöl
5 cl TABU Absinth 55%
weißer Balsamessig
Thymian, Rosmarin
Salz

Pinienkerncoulis

Pinienkerne
Olivenöl
weißen Balsamessig
Oliven- und Walnussöl

Schichtterrine von Barbarie-Ente und Spitzkohl mit Artischockenvinaigrette

Zubereitung

Geflügel

Die Entenkeulen anbraten, mit dem Röstgemüse weiterbraten, mit den Kräutern versetzen und mit dem Geflügelfond auffüllen und schmoren. Die gegarten Keulen aus dem Fond nehmen und von Fett und Knochen befreien. Kurz pressen und mit Fond kurz angießen. Auskühlen lassen.

Den Spitzkohl fein schneiden, mit dem Balsamessig und Salz abschmecken, Flüssigkeit abgießen. Die Gelatine einweichen. Die Leber rosa braten und auskühlen lassen. Die Terrinenform (700 ml) mit blanchierten Spitzkohlblättern auslegen, den marinierten Spitzkohl mit dem Fond leicht angießen und die aufgelöste Gelatine und Kürbiskernöl unterheben. Dann abwechselnd mit dem Entenfleisch und Leber schichtweise einsetzen. Ca. 4 Stunden kalt stellen.

Vinaigrette

Die Artischockenbrunoise in etwas Olivenöl anschwitzen, salzen und glasig schwitzen und mit Absinth und dem Fond aufgießen, garen lassen und zur Vinaigrette rühren.

Die Terrine in Scheiben schneiden, marinieren und auf die geriebene Karotte setzen. Mit dem Salat garnieren und mit der Vinaigrette umgießen.

★ ★ ★

Zutaten

Geflügel

6 Entenkeulen
1 l Geflügelfond
100 g Röstgemüse
1 EL Kürbiskernöl
1 Kopf Spitzkohl
weißer Balsamessig, Salz
4 Blatt Gelatine
100 g Geflügelleber

Vinaigrette

4 Artischockenböden in feine Würfel geschnitten
100 ml Olivenöl
5 cl TABU Absinth 55%
30 ml Apfelessig
30 ml Geflügelfond
Rosmarin
Thymian
Knoblauch
Salat als Garnitur
geriebene Karotte mit Petersilie als Basissalat

Brandade vom Kabeljau mit gebratenem Fenchel und Pistou

Zubereitung

Fisch

Die Schalotten und den Knoblauch fein würfeln und in Olivenöl anschwitzen. Die Kartoffeln in große Würfel schneiden und zu den Schalotten geben. Mit Weißwein ablöschen und auf ein Minimum reduzieren. Den Fischfond hinzugeben, und die Kartoffeln unter Zugabe von Lorbeer und Thymian weich kochen.

Wenn die Kartoffeln gar sind, werden 200 g vom Kabeljaufilet hinzu gegeben und zu einem groben Püree gestampft und die Crème fraîche untergerührt.

Der Fenchel wird längs in etwa 5 mm dicke Scheiben geschnitten und in der Pfanne von beiden Seiten angebraten. Wenn der Fenchel eine bräunliche Färbung hat, wird er mit dem Absinth abgelöscht.

Der restliche Kabeljau wird in dünne Tranchen geschnitten, mit etwas Salz gewürzt, auf ein gebuttertes Backblech gesetzt und mit etwas Weißwein angegossen.

Den Kabeljau bei 160°C Grad ca. 5-7 Minuten im Ofen pochieren.

Pistou

Das Basilikum von den Stengeln befreien, die Petersilie zupfen und mit den weiteren Zutaten im Küchenmixer zu einer homogenen Masse verarbeiten.

★ ★ ★

Zutaten

Fisch

600 g Kabeljaufilet
250 g Kartoffeln
3 Schalotten
1 Knoblauchzehe
200 ml Fischfond
100 ml Weißwein
1 cl TABU Absinth 55%
2 Lorbeerblätter
2 Zweige Thymian
2 EL Crème fraîche
1 Fenchelknolle

Pistou

300 g Basilikumblätter
200 g glatte Petersilie
50 g geröstete
Pinienkerne
200 ml Olivenöl
Knoblauch
Salz und Pfeffer

Matjes-Absinth-Tatar
auf Pumpernickel
mit Sauce Gribiche & Kerbelsalat

Zutaten

Zubereitung

Fisch

4 Matjes
2 EL TABU Absinth 55%
1 Bund Schnittlauch
2 EL Olivenöl
4 Scheiben Pumpernickel

Sauce Gribiche

1 Eigelb
1 Messerspitze Senf
Salz
200 ml Pflanzenöl
1 gekochtes Ei
1 EL gehackte Petersilie
1 EL Apfelwürfel
1 EL gehackte Cornichons
1 EL Schalottenwürfel

Kerbelsalat

1 Bund Kerbel
1 EL Champagneressig
2 EL Olivenöl
Salz & Pfeffer

Fisch

Den Matjes vom Schwanzteil befreien und in winzige
kleine Würfel schneiden. Den Schnittlauch in feine Ringe schneiden.
Den Matjes mit Schnittlauch, Olivenöl, Salz, Pfeffer
und Absinth zu einem Tatar vermengen.
Den Pumpernickel mit einem Küchenring ausstechen (4 cm Durchmesser).
Das Tatar mit 2 Esslöffeln zu Nocken abdrehen und auf den
Pumpernickel setzen.

Sauce Gribiche

Das Eigelb mit Senf und einer Prise Salz vermengen.
Nach und nach das Öl einlaufen lassen, so dass eine kompakte
Majonnaise entsteht. Diese mit den vorbereiteten
Zutaten vermengen.

Kerbelsalat

Den Kerbel von den groben Stielen befreien und mit Essig, Olivenöl,
Salz und Pfeffer marinieren.

★   ★   ★

In Absinth pochierter Zander auf Spitzkohlsalat & Olivenjoghurt

Zubereitung

Zutaten

Fisch

Zander filetieren und in 4 gleich große Stücke portionieren.
Aus Schalotte, Karotte, Sellerie, Lauch, Kräutern, Absinth, Weißwein und
1 L Wasser einen Fond kochen. Diesen passieren und salzen und auf
80°C abkühlen lassen. Den Zander salzen und pfeffern, in den Sud geben
und 5 Minuten ziehen lassen.

Salat

Den Spitzkohl vom Strunk befreien und die äußeren Blätter
entfernen – in feine dünne Streifen schneiden und mit Salz, Pfeffer,
Kümmel, Weißweinessig und Traubenkernöl marinieren.
Kühl stellen.

Joghurt

Die Saure Sahne mit Olivenöl, Salz und Pfeffer abschmecken.

Den pochierten Fisch auf dem Salat anrichten und mit dem Joghurt
beträufeln.

★ ★ ★

Fisch

1 Zander (600-700 g)
1 Schalotte
1 Karotte
50 g Sellerie
50 g Lauch
1 Lorbeerblatt
1 Thymianzweig
5 cl TABU Absinth 55%
100 ml Weißwein

Salat

1 Spitzkohl
Traubenkernöl
Weißweinessig
1 TL Kümmel

Joghurt

100 g Saure Sahne
Olivenöl
Salz, Pfeffer

Schaschlik von Gamba &
Pimentos auf Gemüsesalat &
Absinthvinaigrette

Zutaten

Zubereitung

Fisch

Fisch

8 Gambas, 4 Rosmarinzweige
2 Pimentos
(Paprika im Ofen gegart
und abgezogen)

Gambas mit Pimentos auf einen Rosmarinzweig spießen und in
Olivenöl braten, salzen.

Salat

Salat und Vinaigrette

1 Lauchstange
1/2 Sellerie, 1/2 Steckrübe
1 Orange, 1 Knoblauchzehe
Thymian, Olivenöl
Salz , Pfeffer

Gemüse in feine Streifen schneiden und mit Aromaten in der Pfanne
anschwenken. Den Fenchel weichkochen und mit den Zutaten
im Mixer zu einer homogenen Masse verarbeiten.

★   ★   ★

Vinaigrette

1 Fenchelknolle
2 cl TABU Absinth 55%
50 ml Brühe
50 ml weißen Balsamico
50 ml Olivenöl
50 ml Traubenkernöl
Salz, Pfeffer

Carpaccio von der geräucherten Gänsebrust mit Sternanis-Croûtons

Zubereitung

Carpaccio

Die Gänsebrüste hauchdünn aufschneiden und auf 4 Tellern verteilen. Aus Walnussöl, Balsamessig und Absinth eine Marinade herstellen und das Carpaccio damit bestreichen und mit Pfeffer würzen.

Sternanis-Croûtons

In einer flachen Pfanne Butter zergehen lassen und Sternanis zufügen. Das Toastbrot würfeln und in der Pfanne rösten. Das Brot über das Carpaccio geben und servieren.

Ein Salat aus Rucola, Endivie und Radiccio in einer Balsamessig-Walnuss-Vinaigrette passt sehr gut zu diesem Gericht.

★ ★ ★

Zutaten

Carpaccio

2 geräucherte Gänsebrüste
2 EL Walnussöl
2 EL TABU Absinth red
Pfeffer aus der Mühle
1 TL Balsamessig

Sternanis-Croûtons

4 Scheiben Toastbrot
50 g Butter
2 Stk. Sternanis

Scheiben aus der
Absinthkalbshüfte mit
Salbeiblütentapenade & Rauke

Zutaten

Zubereitung

Fleisch

Fleisch

400 g Kalbshüfte

10 cl TABU Absinth 55%

Rosmarin, Thymian

Salz, Pfeffer

Kalbshüfte in Absinth 24 Stunden marinieren. In Öl anbraten, mit Kräutern in Alufolie wickeln und bei 130° C im Ofen garen, bis es rosa ist (etwa 25-30 Minuten). Das Fleisch erkalten lassen und in der Aufschnittmaschine dünn aufschneiden.

Tapenade

Tapenade

50 g Salbei

20 g Pinienkerne

100 ml Olivenöl

Salz, Pfeffer

Salbeiblüten

Salbei mit den Pinienkernen in einen Mixer geben, zerkleinern und mit Olivenöl aufmixen, mit Salz abschmecken und gezupfte Blütenblätter einstreuen.

Salat

Salat

Rauke

Friseesalat

gehobelter Parmesan

Kapuzinerblüten

50 ml Balsamessig

100 ml Olivenöl

50 ml Brühe

Salz, Pfeffer

Aus Essig, Öl und Brühe eine Vinaigrette aufrühren und den Salat marinieren.

Kalbfleisch auf einen Teller legen, mit Tapenade bestreichen, in die Mitte den Salat anrichten und mit Blüten und gehobeltem Parmesan garnieren.

★ ★ ★

Eingemachtes von Maispoularde mit Absinth-Rüben & Koriander-Steckrüben-Salat

Zubereitung

Fleisch

Die Maispoularde mit Salz und Pfeffer würzen und von beiden Seiten anbraten. Die Schalotten, Knoblauch, Zitronengras und 1 Möhre in 2 cm große Stücke schneiden und mit anrösten. Wenn die Keulen und das Gemüse eine kräftige Farbe haben, wird das Tomatenmark hinzu gegeben und ebenfalls kurz mit angeröstet und mit dem Rotwein abgelöscht. Den Rotwein lässt man auf ein Minimum reduzieren und füllt dann mit der Kalbsjus auf.

Der Lorbeer und 5 Zweige Thymian werden hinzu gegeben und die Maispoulardenkeulen werden im Ofen bei 180°C geschmort, bis das Fleisch weich ist. Das Fleisch von Keulen ablösen und mit der Hand flach pressen.

Der entstandene Bratenfond wird durch ein feines Sieb passiert und zu einem sehr kräftigen Fond reduziert.

Absinth-Rüben

Die Möhren werden geschält und in 5 mm dicke Stifte geschnitten. Den Zucker karamellisieren, die Möhrenstifte und den Anis hinzugeben, mit dem Absinth und dem Orangensaft ablöschen und die Möhren bissfest garen. Die 2 restlichen Zweige Thymian hacken und in den entstandenen Fond geben.

Das Maispoulardenfleisch und die Möhren in den Maispoulardenfond eintauchen und schichtweise in eine Terrinenform einsetzen. Die Terrine pressen und 4 Stunden kaltstellen.

Die Steckrüben in feine Julienne schneiden und mit gehacktem Koriander, weißem Balsamessig, Traubenkernöl und Salz marinieren.

★ ★ ★

Zutaten

Fleisch

4 Maispoulardenkeulen
6 Schalotten
1 Knoblauchzehe
2 Stangen Zitronengras
1 Lorbeerblatt
100 ml Rotwein

Absinth-Rüben

6 Möhren
500 ml Kalbsjus
7 Zweige Thymian
1 TL Tomatenmark
60 g Zucker
1/2 Stück Sternanis
Saft einer 1/2 Orange
2 Zweige Koriander
20 ml Weißer Balsamessig
60 ml Traubenkernöl
1 cl TABU Absinth classic strong

Maronensuppe im Absinthduft

Zubereitung

Schalottenwürfel mit den Maronen in Butter anschwitzen, mit Weißwein ablöschen und mit Brühe und Birnenpüree auffüllen.

10 Minuten köcheln lassen, mit Sahne, saurer Sahne, Absinth und dem Port auffüllen, aufkochen und im Mixer pürieren.
Mit Salz und Mukat abschmecken.
Als Einlage Birnen und Maronenwürfel.

★ ★ ★

Zutaten

300 g Maronen
100 ml Birnenpüree
300 ml Geflügelbrühe
100 ml Sahne
100 ml saure Sahne
3 Schalotten gewürfelt
5 cl TABU Absinth 55%
100 ml Weißwein
5 cl roter Port
50 g Butter
Salz, Muskat

Cremesuppe von Gartengurken mit Lavendel & gegrilltem Seeteufel

Zubereitung

Suppe

Die Gurken mit der sauren Sahne, Lavendel, Senf und Balsamessig im Küchenmixer fein pürieren, mit Salz abschmecken. Dann kaltstellen.

Fisch

Die Seeteufelfilets mit Limonenöl marinieren. Mit der Hautseite in eine Grillpfanne legen, kurz grillen, etwas versetzen, so dass ein Grillmuster entsteht. Kräuter und Knoblauch dazu geben und im Backofen bei 180° C ca. 8-10 Minuten garen und mit Absinth ablöschen.

Die fein gewürfelten Gurken in einem tiefen Teller platzieren, mit der aufgeschäumten Suppe umgießen und den Seeteufel darauf legen. Mit frittiertem Kräuterstrauß garnieren.

★ ★ ★

Zutaten

Suppe

2 Gurken geschält und gewürfelt
1 Gurke geschält und fein gewürfelt
400 ml Saure Sahne
2 EL Lavendel gehackt
1 TL Senf
weißer Balsamessig
Salz

Fisch

200 g Seeteufel, filetiert und entgrätet
je 1 Zweig Thymian und Rosmarin
1 kleine Knoblauchzehe
Limonenöl
3 cl TABU Absinth 55%

Eintopf von Muscheln & Karotten mit Petersilienmaultaschen

Zubereitung

Eintopf

Die Muscheln waschen und putzen. Das Gemüse würfeln und mit den Muscheln in Olivenöl anschwitzen. Kräuter und Knoblauch dazugeben. Mit dem Weißwein ablöschen. Mit einem Deckel den Topf verschließen und die Muscheln dämpfen, bis sie sich geöffnet haben. In einen Durchschlag gießen, den Sud auffangen und das Muschelfleisch auslösen. Einige wenige als Garnitur zur Seite stellen. Den Sud durch ein Tuch passieren.

Die Schalotte in einem Topf anschwitzen. Karotten und Zucchiniwürfel kurz anschwitzen und wieder entnehmen. Mit dem Sud aufgießen und rasch einkochen lassen. Mit Absinth, Safran und Knoblauch würzen. Leicht salzen und mit der Butter aufschlagen. Gemüse, Tomaten, Schnittlauch und Muscheln in den Sud geben, kurz erwärmen und servieren.

Füllung für Maultaschen

Die Hühnerbrust mit der Petersilie im Küchenmixer fein kuttern, salzen und langsam die Sahne einlaufen lassen. Nur noch kurz kuttern. Die Wan-Tan-Blätter ausbreiten, von 8 Blättern die Seiten mit Eigelb einstreichen, die Füllung darauf platzieren und mit den restlichen Blättern verschließen. Die Seiten mit einem Messer etwas begradigen und im siedenden Salzwasser pochieren.

★ ★ ★

Zutaten

Eintopf

1 kg Miesmuscheln
je 100 g Zwiebeln,
Karotten, Sellerie
1 großer Zweig Rosmarin
1 großer Zweig Thymian
2 Knoblauchzehen
1 Lorbeerblatt
200 ml Weißwein
1 EL Olivenöl
200 g gewürfelte Karotten
100 g gewürfelte Zucchini
100 g Butter
1 Schalotte
2 g Safran
50 g Tomatenwürfel
1 TL Schnittlauch in Ringe
ggfls. Knoblauch
5 cl TABU Absinth
classic strong

Füllung für Maultaschen

100 g Hühnerbrust
100 g Sahne
100 g Blattpetersilie
16 Wan-Tan-Blätter
1 Eigelb
Salz

Aufgeschlagenes Gazpachosüppchen

Zutaten

2 Schalotten – gewürfelt
je 1 Zweig Rosmarin & Thymian
1 Knoblauchzehe zerdrückt
1 rote Paprika –
entkernt & gewürfelt
1 EL Tomatenmark
1 kleine Dose Tomaten
200 ml Olivenöl
20 ml Balsamessig, etwas Chiliöl
1 Gurke, 200 ml Milch
je 20g Paprika, Gurken,
Tomaten & Brotwürfel
200 ml Milch
5 cl TABU Absinth red

Zubereitung

Die Schalotten mit den Kräutern und dem Knoblauch in etwas
Olivenöl anschwitzen. Die restlichen Gemüse mit den Schalotten im
Mixer fein pürieren. Mit dem Olivenöl montieren.
Abschmecken und kaltstellen.

In kleine Tassen abfüllen und mit den Gemüse- und Brotwürfeln garnieren.

Milch und Absinth vermischen und aufschlagen. Die Gazpacho mit
dem aufgeschlagenen Milchschaum vollenden.

★ ★ ★

*Schaumsuppe mit
Absinth-Fenchel & grünem Apfel*

Zutaten

2 El Olivenöl
2 Schalotten feingewürfelt
1 Fenchelknolle, 1 Lorbeerblatt
1 Zweig Thymian, 1 Nelke
5 cl TABU Absinth 55%
150 ml Weißwein
600 ml Geflügelfond
300 ml Sahne
1 EL Crème fraîche, Salz
Weißer Pfeffer aus der Mühle
1 grüner Apfel, 1 Pecanußbrot

Zubereitung

Vom Fenchel die Fäden ziehen und fein würfeln – mit Knoblauch
und Schalotten in Olivenöl anschwitzen. Die Gewürze in einem Kaffeefilter
zusammenbinden und dazugeben. Mit Absinth und Weißwein ablöschen,
auf ein Viertel reduzieren und mit Geflügelfond auffüllen.
Ebenfalls auf die Hälfte reduzieren. Mit Sahne auffüllen und aufkochen,
den Gewürzbeutel entfernen, mit dem Zauberstab pürieren und
mit Crème fraîche montieren.

Mit Salz und Pfeffer abschmecken und mit dem gewürfelten Apfel servieren.
Dazu wird ein geröstetes Pecanussbrot gereicht.

★ ★ ★

Paprikacremesuppe

mit Raviolis

    Zutaten

Suppe

Die gewürfelten Schalotten in Öl anschwitzen, die gewürfelte
Paprika zugeben und salzen. Mit Weißwein ablöschen, etwas verkochen
lassen und mit Brühe und Sahne aufgießen. Aufkochen.
Die Suppe pürieren, durch ein Sieb passieren und mit Salz und Pfeffer
abschmecken. Zum Schluss die saure Sahne mit dem
Stabmixer untermischen.

Raviolis

Das Fleisch in der Küchenmaschine zerkleinern und salzen.
Langsam die Sahne einlaufen lassen und zu einer homogenen Masse
verarbeiten. Den Absinth und den Estragon dazugeben und die
geschlagene Sahne unterheben. Auf die vorbereiteten
Nudelbahnen setzen, mit Wasser bespritzen, schließen und pochieren.
Kurz ziehen lassen.

Nudelteig

Die Zutaten zu einer homogenen Masse kneten und durch die
Nudelmaschine drehen, so dass lange Bahnen entstehen.

★ ★ ★

Suppe

1 Schalotte
500 g Gemüsepaprika
100 ml Weißwein
500 ml Kalbsbrühe
500 ml Sahne
100 g Saure Sahne
Salz, Pfeffer

Raviolis

100 g Putenfleisch
100 ml Sahne
1/2 Bund Estragon –
fein gehackt
100 ml geschlagene Sahne
3 cl TABU Absinth 55%

Nudelteig

100 g Mehl
1 Eigelb
1 EL Creme fraiche
1 EL Olivenöl
Salz

Jakobsmuschel mit
Malzzucker & Dinkelrisotto

Zubereitung

Die Jakobsmuscheln aus der Schale brechen, von Bart und
Muskel befreien.

Die Schalotte in etwas Olivenöl anschwitzen. Den eingeweichten
Dinkel dazugeben mit Geflügelfond aufgießen, leicht sieden lassen.
Kurz bevor der Dinkel gar ist, das Gemüse zugeben,
salzen und pfeffern.

Aus dem englischem Malzzucker, dem Absinth und dem Balsamessig
eine Reduktion kochen.

Die Jakobsmuscheln leicht mehlen, in Olivenöl braten, auf den
Dinkelrisotto setzen und mit der Reduktion des Malzzuckers beträufeln.
Mit Noilly-Prat-Soße umgießen und mit frittierter
Petersilie vollenden.

Die Schalottenwürfel in Olivenöl anschwitzen und mit dem Weißwein
ablöschen. Den Fischfond hinzugeben – bis auf ein Minimum
reduzieren – anschließend mit der Sahne
auffüllen und aufkochen lassen. Mit Noilly-Prat abschmecken.

★　★　★

Zutaten

Fisch

4 Jakobsmuscheln
in der Schale
10 cl TABU Absinth 55%
englischer Malzzucker
dunkler Balsamessig
200 ml Gefllügelfond

Risotto

100 g eingeweichter
Dinkel
je 50 g Gemüsewürfel
(Lauch, Sellerie, Karotte)
1 Schalotte in
Würfel geschnitten

Noilly-Prat-Soße

1 gewürfelte Schalotte
100 ml Weißwein
400 ml Fischfond
200 ml Sahne
5 cl Noilly-Prat
Olivenöl

Roulade von Steinbutt & Langostinos auf Absinthsoße mit dicken Bohnen

Zubereitung

Zutaten

Fisch

Den Steinbutt filetieren, portionieren und beiseite stellen.
Aus Lachs, Salz und Sahne eine Farce herstellen und passieren.
Den Spitzkohl in einzelne Blätter zerteilen und in Salzwasser blanchieren.
Zwischen Küchentüchern die Schalen plättieren.

Die Langostinos aus der Schale brechen und die Schalen für die
Soße beiseite stellen. Aus den Langostinoschwänzen die Därme entfernen.
Den Spitzkohl zu einem Quadrat von 20 x 20 cm auslegen, auf das untere
Ende etwas Lachsfarce setzen und den ausgelösten Steinbutt darauf
platzieren – mit ein wenig Farce bestreichen.
Die Langostinos und Tomaten obenauf setzen und mit der Farce
abschließen. Den Spitzkohl dann einrollen und in gebutterte Alufolie drehen.
In siedendem Wasser ca. 8 Minuten pochieren.

Soße

Die Schalen etwas zerkleinern und in etwas Olivenöl anrösten.
Das Gemüse dazugeben und rösten. Mit dem Calvados flambieren, mit dem
Weißwein ablöschen und der Sahne und dem Absinth auffüllen.
Die Kräuter dazugeben und einmal aufkochen lassen.
Nach ca. 15 Minuten durch ein Sieb passieren. Mit Salz, Pfeffer,
Limone & Walnussöl abschmecken. Mit dem Stabmixer aufschäumen.

Bohnen

Die Bohnen aus der grauen Schale lösen und mit den Brunoise in etwas
Butter & Olivenöl anschwitzen.
Die Roulade in gleich große Stücke schneiden – auf die Bohnen setzen und
mit der Absinthsoße umgießen. Mit frittieren Reisnudeln garnieren.

★ ★ ★

Fisch

1 kg Steinbutt
(für 4 Personen)
100 g Lachsfilet
6 Stück Langostinos
100 g Sahne
1 Spitzkohl
je 100 g Gemüsewürfel
(Lauch, Sellerie, Möhren)
200 g dicke Bohnen,
aus der Schote gebrochen
2 Tomaten – blanchiert,
geviertelt und entkernt

Soße

Langostinoschalen
100 ml Weißwein
20 cl Calvados zum
flambieren
100 g Röstgemüse
(Lauch, Sellerie, Möhren)
je 1 Zweig
Rosmarin und Thymian
1 Knoblauchzehe
1 kleines Lorbeerblatt
etwas Walnussöl
500 ml Sahne
Limone oder Limonenöl
1 cl TABU Absinth 55%

Canneloni von Petersfisch und Absinth-Kartoffeln

Zubereitung

Zutaten

Fisch

Den Sellerie schälen und auf einer Aufschnittmaschine in dünne Scheiben schneiden.

Den Zucker in einem Topf mit festem Boden karamellisieren und mit dem Rotwein ablöschen. Lorbeer, Thymian und den Anis hinzugeben und einmal aufkochen lassen. Die Selleriescheiben in den Rotweinsud geben und aufkochen. Der Sellerie sollte nur ein Mal aufkochen und danach einen Tag in dem Rotwein durchziehen.

Den Petersfisch in 100-g-Stücke schneiden. Den Lachs in Würfel schneiden, salzen und mit einem Mixer pürieren, die Sahne langsam hinzugeben, bis eine homogene Masse entstanden ist.

Den eingelegten Sellerie mit Tüchern trocken tupfen und 1/3 mit der Lachsfarce einstreichen. Auf die Farce wird das gewürzte Petersfischfilet gesetzt und von oben mit Lachsfarce bestrichen.

Den Sellerie und den Lachs zu einem Canneloni einrollen, auf ein Backblech setzen und im Ofen bei 180°C ca. 12 Minuten garen.

Absinth-Kartoffeln

Die Kartoffeln und die Schalotten in feine Würfel schneiden. Die Schalotten in etwas Butter anschwitzen, die Kartoffeln hinzugeben und mit anschwitzen. Mit dem Absinth und dem Weißwein ablöschen und auf ein Minimum reduzieren. Den Fischfond hinzugeben und die Kartoffeln darin gar kochen.

Wenn die Kartoffeln gar sind, wird mit einem Holzlöffel die Butter unter den Kartoffelsud gerührt (darf nicht mehr kochen). Kurz vor dem Anrichten gibt man noch den gehackten Majoran unter die Kartoffeln.

★ ★ ★

Fisch

400 g Petersfisch
100 g Lachs
100 ml Sahne
1 Sellerieknolle
300 ml Rotwein
1 Stück Sternanis
1 Lorbeerblatt
50 g Zucker
3 Zweige Thymian

Absinth-Kartoffeln

400 g Kartoffeln
2 Schalotten
100 ml Weißwein
1 cl Tabu TABU Absinth 55%
400 ml Fischfond
100 g Butter
3-4 Zweige Majoran

Pot au feu von

Seezungen & Flusskrebsen

Zubereitung

Die Flusskrebse in kochendem Wasser blanchieren und
mit Eiswasser abschrecken. Die Schwänze ausbrechen und 4 schöne
Flusskrebsnasen reinigen und beiseite stellen.

Die restlichen Krebskarkassen mit je 50 g Möhren, Sellerie und Schalotten
in Olivenöl anrösten. Wenn die Karkassen und das Gemüse etwas
Farbe genommen haben, wird das Tomatenmark hinzu gegeben und ebenfalls
mit angeröstet. Das Ganze wird mit Weißwein abgelöscht und auf ein

Zutaten

Minimum reduziert. Die Kräuter in den Topf geben und mit Wasser auffüllen
(bis die Karkassen bedeckt sind). Der Fond muss nun einmal aufkochen
und ca. 15-20 Minuten ziehen. Anschließend durch ein Tuch passieren.
Den Lachs in Würfel schneiden, salzen und in der Küchenmaschine pürieren.
Die Sahne langsam zugeben, bis eine homogene Masse entstanden ist.

1 Seezunge
20 Flusskrebse
150 g Lachs
150 ml Sahne
je 100 g Möhren,
Lauch & Sellerie
4 Schalotten
2 kleine Knoblauchzehen
200 ml Weißwein
4 cl TABU Absinth 55%
20 g Tomatenmark
je 1 Zweig Rosmarin &
Estragon
2 Lorbeerblätter
2 Safranfäden
1 große Kohlrabi

Die Seezungen filetieren und die Filets der Länge nach zur Hälfte mit
der Farce bestreichen und einklappen. Nun wird die Querseite zur Hälfte mit
Farce bestrichen und ebenfalls eingeklappt. Die restliche Lachsfarce
wird in die gesäuberten Krebsnasen gespritzt. Die Seezungenschleifen werden
nun mit der Spitze in die gefüllten Krebsnasen gesteckt und in
einem Wasserbad ca. 12 Minuten pochiert.

Die restlichen Möhren, Sellerie, Lauch und Schalotten und den Knoblauch
in feine Würfel schneiden und in Olivenöl anschwitzen.
Die Safranfäden hinzugeben, das Gemüse mit dem Absinth und
100 ml Weißwein ablöschen und auf ein Mininum reduzieren.
Das Gemüse wird nun mit dem Flusskrebsfond aufgefüllt, ein Lorbeerblatt
wird hinzu gegeben. Das Ganze darf nur 10 Minuten köcheln.

Den Kohlrabi schälen und mit einem Apfelausstecher ausstechen.
Die entstandenen Stifte werden in Salzwasser blanchiert und in Butter
angeschwenkt. Den Pot au feu-Sud auf einen Teller geben,
den Kohlrabi mittig platzieren,und die Krebsnase auf die Kohlrabi setzen.
Die Krebsschwänze darum herum anrichten.

★ ★ ★

Felchenfilet in legiertem Selleriesud & Speckchips

Zubereitung

Fisch

Felchen filetieren und mit Mondamin bestäuben und braten. Die Gemüsebrunoise in Olivenöl anschwitzen, mit Weißwein und Absinth ablöschen und Fischfond auffüllen. Den Sellerie entnehmen und bis auf die gewünschte Menge reduzieren lassen. Mit der Butter binden und die Brunoise wieder dazugeben. Mit etwas Absinth, Limonenöl und Salz abschmecken und mit dem Selleriegrün vollenden.

Sud & Chips

Den Staudensellerie glasieren, mit den Felchenfilets und den gerösteten Speckscheiben anrichten. Mit dem Sud umgießen.

★ ★ ★

Zutaten

Fisch

4 Felchen
(für 8 Personen)
etwas Mondamin
100 g Selleriebrunoise
50 g Karottenbrunoise
10 g Staudensellerie
in Stiften
500 ml Fischfond
2 Schalotten in Brunoise
100 ml Weißwein
250 g Butter
etwas Olivenöl

Sud & Chips

8 Scheiben Speck
etwas Selleriegrün
Limonenöl
10 cl TABU Absinth 55%

Mit Garnelen gefüllte Zucchiniblüten im Absintharoma auf Risotto & sautierten Steinpilzen

Zubereitung

Zutaten

Fisch

Aus dem Zanderfleisch und der Sahne in einem Küchenkutter eine homogene Masse mixen. Die Garnelen würfeln, salzen und mit gehacktem Thymian vermengen und unter die Zandermasse heben. Mit Absinth aromatisieren. Die Masse mit einem kleinen Löffel in die Blüten füllen, oben zusammendrehen und bei 80° C in Salzwasser 5 Minuten pochieren.

Risotto

Schalotten fein würfeln, mit dem Reis und etwas Butter glasig schwitzen und nach und nach mit der Brühe auffüllen. Wenn der Reis gar ist, mit Salz und Pfeffer abschmecken und den Parmesan unterheben.

Pilze

Steinpilze würfeln, in Butter anschwenken und mit Salz und Pfeffer abschmecken.

Sahne etwas einkochen, salzen und mit etwas Limonensaft abschmecken.

★ ★ ★

Fisch

100 g Garnelen
100 g Zanderfleisch
8 Zucchiniblüten
100 ml Sahne
etwas gehackten Thymian
Salz
5 cl TABU Absinth 55%

Risotto

200 g Risottoreis
400 ml Brühe
2 Schalotten
50 g geriebenen Parmesan
Salz, Pfeffer
Butter

Pilze

100 g Steinpilze
Salz, Pfeffer
Butter
200 ml Sahne
Limonensaft
Salz

Barbarie-Entenbrust
à la Guacomole
mit Chili & Lauchgemüse

Zubereitung

Zutaten

Geflügel

Die Avocado würfeln, mit den gehackten Pinienkernen versetzen,
mit Chilischote, Walnussöl & Salz abschmecken.
Eine Tasche in die Entenbrüste schneiden und mit der Masse füllen.
Anbraten und bei 180°C 10-12 Minuten im Backofen garen.

Lauchgemüse

Lauch in Rauten schneiden und kurz blanchieren.
Später in etwas Olivenöl anschwitzen, mit Crème fraîche binden und
Salz & Pfeffer abschmecken.

Kartoffelnester

Die Kartoffeln kochen, pellen und noch heiß durch eine
Kartoffelpresse drücken. Die Eigelbe nach und nach unterarbeiten.
Das Weißbrot unterheben und mit Salz & Muskat abschmecken.
Wan-Tan-Teig durch die Nudelmaschine (Spaghettistärke) drehen.
Die Masse in den Teigstreifen wälzen und in
tiefem Fett ausbacken.

Soße

Die Schalottenin etwas Öl anschwitzen. Mit Absinth red,
Sojasoße und Portwein ablöschen. Mit der Geflügeljus auffüllen und
auf die gewünschte Konsistenz reduzieren lassen.
Mit etwas Butter montieren.

Die Entenbrust einmal aufschneiden. Das Lauchgemüse auf
den Teller geben, die Entenbrust darauf platzieren, die aufgebackenen
Kartoffelnester daneben setzen und mit der Jus umgießen.

★ ★ ★

Geflügel

4 Entenbrüste
1 Avocado
1 Chilischote
1 EL Pinienkerne
etwas Walnussöl
Lauchgemüse

Lauchgemüse

2 Stangen Lauch
1 EL Crème fraîche
Salz & Pfeffer

Kartoffelnester

500 g mehlig kochende
Kartoffeln
4 Eigelbe
100 g frisch geriebenes
Weißbrot ohne Rinde
Salz & Muskat
12 Wan-Tan-Blätter

Soße

1 l Geflügeljus
2 Schalotten gewürfelt
10 cl Portwein
5 cl Sojasauce
3 cl TABU Absinth red

Mit Absinth flambierte Wachtel, dazu Mohnnocken & Perlzwiebeln

Zubereitung

Geflügel

Die Wachtel so auslösen, das eine Brust und Keule noch durch die Haut gehalten wird. Den Flügelknochen herausschneiden. Das Fleisch würzen, übereinanderlappen und mit gebuttertem Pergamentpapier so fixieren, dass die Hautseiten außen liegen. Nochmals mit Butter bestreichen.

Die Wachtelschiffchen nun in eine Pfanne setzen und 5-6 Minuten bei 180° C im Backofen garen. Mit Absinth bestreichen und flambieren.

Mohnnocken

Die Kartoffeln mit Schale in Salzwasser kochen und anschließend pellen. Nun die Kartoffeln durch die Kartoffelpresse drücken und sofort mit 2 Eigelben vermengen.

Den Mohn mit der Milch verrühren und mit der Kartoffelmasse vermengen – mit Salz, Pfeffer und Muskat abschmecken. In einem Topf mit kochendem Salzwasser, die mit zwei Esslöffeln abgedrehten Mohnklöße einmal aufkochen lassen und 4 Minuten ziehen lassen.

Perlzwiebeln

Die Perlzwiebeln schälen. Aus 50 g Zucker und 1 EL Wasser einen Karamel kochen. Die Schalotten dazugeben und mit Rotwein auffüllen. Die Kräuter hineingeben und alles bis auf ein Minimum reduzieren. Mit Salz & Pfeffer abschmecken.

★ ★ ★

Zutaten

Geflügel

2 Wachteln
2 EL TABU Absinth 55%
4 Stück Pergamentpapier
20 g Butter

Mohnnocken

4 vorwiegend fest
kochende Kartoffeln
2 Eigelb
50 g Backmohn
1 EL Mondamin
1 EL Milch
Muskat

Perlzwiebeln

12 Perlzwiebeln
1 L Rotwein
50 g Zucker
1 Lorbeerblatt
1 Thymianzweig
Salz & Pfeffer

Perlhuhnbrust im Gemüsemantel mit Estragonjus & Tomatenfondue

Zubereitung

Geflügel

Die Flügelknochen von den Perlhühnern sauberputzen.
Die Haut entfernen. Lauch-, Sellerie- und Möhrenstreifen in etwas Olivenöl
anschwitzen und mit dem Absinth und der Orangenschale aromatisieren.

Die Zucchinischeiben längs nebeneinander legen.
Die angeschwitzen Gemüsestreifen darauf verteilen, die Perlhuhnbrüste
darauf platzierenund die Zucchinistreifen einschlagen und das
ganze mit Hilfe des Schweinenetzes in Form bringen.
Kurz anbraten und bei 180° C im Ofen 12-15 Minuten backen.

Estragonjus

Die Schalotte mit den Perlhuhnabschnitten anschwitzen, mit
dem Port- & Rotwein ablöschen und mit der Geflügeljus aufgießen und
ca. 20 Minuten leicht simmern lassen.

Durch ein Sieb passieren, ggfls. mit etwas Kartoffelstärke binden
und den gehackten Estragon unterrühren und mit Salz, Pfeffer und etwas
Balsamessig abschmecken.

Tomatenfondue

Die Schalotte in Olivenöl anschwitzen, die Tomatenwürfel dazugeben,
das Tomatenmark zugeben und trocken kochen.
Mit Pesto abschmecken.

Die Perlhuhnbrust aufschneiden und auf den Teller platzieren, mit
der Estragonjus umgießen und das Tomatenfondue dazugeben. Als Beilage
passen hierzu gut feine Spaghettinis und jahreszeitliches Gemüse.

★ ★ ★

Zutaten

Geflügel

4 Perlhuhnbrüste mit
Flügelknochen
je 100 g Lauch, Sellerie-
und Möhrenstreifen
2 Streifen Orangenschale
4 x Schweinenetz
1 Zucchini – in
Streifen geschnitten
etwas Estragon
5 cl TABU Absinth 55%

Estragonjus

500 ml Geflügeljus
Perlhuhnabschnitte
1 Schalotte
etwas Port- & Rotwein
1 Zweig Estragon

Tomatenfondue

4 Tomaten – enthäutet,
entkernt, gewürfelt
1 TL Tomatenmark
1 Schalotte gewürfelt
Olivenöl
1 TL Pesto

Mit Absinth & Kümmel geschmortes Spanferkel auf Pflaumenkompott

Zubereitung

Fleisch

Das Spanferkel würzen und in einer Pfanne sehr scharf anbraten, Schalotten und Kümmel dazugeben. Mit Absinth ablöschen und Rotwein auffüllen. Das Spanferkel in der Pfanne mit Deckel 15 Minuten auf kleiner Flamme schmoren. Das Fleisch herausnehmen und an einem warmen Platz bereitstellen. Den Sud reduzieren und mit kalter Butter binden.

Kompott

Den Zucker karamellisieren und die entsteinten Pflaumen dazugeben. Mit Portwein ablöschen. Das Ganze zu einem Kompott verkochen lassen. Mit Balsamessig abschmecken.

Kartoffelrösti

Die Kartoffel auf der mittleren Stärke des Gemüsehobels reiben und mit Salz und Muskat abschmecken. Bei mittlerer Hitze von beiden Seiten in Olivenöl goldgelb braten.

★ ★ ★

Zutaten

Fleisch

4 Spanferkelkarrees à 250 g
Olivenöl
4 Schalotten
1 TL Kümmel
2 EL TABU Absinth 55%
250 ml Rotwein
50 g kalte Butter
Salz und Pfeffer

Kompott

16 Pflaumen
50 g Zucker
1 EL Balsamessig
100 ml roten Portwein

Kartoffelrösti

1 große Kartoffel
Salz, Muskat
Olivenöl zum braten

Boeuf Bourgignonne mit Baumpilzen auf Zucchinis & Gnocchis

Zubereitung

Zutaten

Fleisch

Das Rindfleisch binden, in Öl anbraten und herausnehmen.
Die geputzten Baumpilze anbraten, würzen und herausnehmen. Mit den
Perlzwiebeln genauso verfahren. Das Würfelgemüse anschwitzen,
Kräuter und Knoblauch dazugeben. Mit Sojasoße, Balsamessig und
Rotwein ablöschen und bis auf ein Minimum verkochen lassen.

Mit der Kalbsjus und dem Absinth aufgießen, Fleisch und
Fleischsaft dazugeben. Einmal aufkochen, leicht mit Mondamin binden
und etwa 1 Stunde im Backofen schmoren.

Den Garpunkt hin und wieder mit einer Fleischgabel prüfen,
indem man in das Fleisch hinein sticht. Je leichter sich die Gabel
herausziehen lässt, umso weiter ist das Fleisch gegart.
Eine halbe Stunde vor Garschluss das Wurzelgemüse mit Hilfe einer
Schaumkelle herausnehmen, und die Schalotten zum Braten geben
(Geschmack der Soße prüfen). Wenn nötig, nach dem Garen die Soße
noch nachbinden und abschmecken.
Die Baumpilze mit Saft hinzugeben. Das Fleisch in Scheiben
schneiden und servieren.

Die Zucchini in Streifen schneiden, und später in Butter und
Olivenöl glasieren.

Gnocchis

Aus den Zutaten eine feste Masse formen. In 2-3 cm lange Röllchen
drehen und kurz in Olivenöl braten.

★ ★ ★

Fleisch

2 kg Rindfleisch
(am besten das Zungenstück)
2 l Kalbsjus
5 cl TABU Absinth red
2 Zucchinis
200 g Gemüsewürfel
(Lauch, Sellerie,
Möhren und Zwiebeln)
200 ml Burgunder Rotwein
Rosmarin
Thymian
etwas Knoblauch
etwas Balsamessig
etwas Sojasoße
ca. 50 g
durchwachsener Speck
nach Belieben
Baumpilze & Schalotten

Gnocchis

200 g gekochte,
durchpassierte Kartoffeln
25 g Mehl
25 g Mondamin
20 g Gries
1 Ei
Salz
geriebene Muskatnuss

Warme Kaninchengalantine
auf Karotten-Koriander-Gemüse

Zubereitung

Kaninchengalantine

Shiitakepilze in Butter und Absinth anschwitzen.
Kanichenrücken von der Unterseite beginnend hohl auslösen und von
Fett befreien. Die Fleischfarce mit den erkalteten Baumpilzen
mischen und zwischen die beiden Filets füllen.
Mit Hilfe der Bauchlappen eine Rolle drehen und mit dem
Schweinenetz fixieren. Die Galantine anbraten und anschließend
15-18 Minuten bei 180°C im Backofen garen.

Knochen vom Kaninchen zerkleinern und in Olivenöl anschwitzen.
Tomatenmark und Gemüse dazugeben und mitrösten.
Mit Rotwein ablöschen. Die Kalbsjus aufgießen, leicht köcheln lassen und
auf die gewünschte Konsistenz einkochen – mit
angerührtem Mondamin binden. Nach gut einer Stunde durch ein
Küchentuch passieren. Mit Salz und Sojasoße abschmecken.

Karotten-Koriander-Gemüse

Karotten blanchieren, in Butter glasieren und mit frisch gehacktem
Koriander abschmecken. Zuckerschoten blanchieren und
zu den Karotten geben.

★   ★   ★

Zutaten

Kaninchengalantine

2 Kaninchenrücken
250 g Shiitakepilze,
in Würfel geschnitten
5 cl TABU Absinth 55%
100 g Fleischfarce
300 g Schweinenetz
50 g große Gemüsewürfel
(Lauch, Sellerie, Möhren)
1 TL Tomatenmark
100 ml Rotwein
300 ml Kalbsjus
etwas Sojasoße

Karotten-
Koriander-
Gemüse

200 g Karotten,
in Stifte geschnitten
100 g Zuckerschoten
blanchiert
1/2 Bund Koriander
50 g Butter

K a l b s f i l e t & K a l b s h a x e

m i t E b e r e s c h e n j u s & P a r m e s a n c r ê p e

Zubereitung

F l e i s c h

Das Kalbsfilet parieren und binden. Kalbshaxe vom Knochen lösen und binden. Die Haxe anbraten, Gemüse und Tomatenmark dazugeben. Mit Rotwein, Balsamessig, Absinth und Sojasoße ablöschen und mit der Jus auffüllen. Die Haxe ca. 1 1/4 Stunde schmoren.

Danach herausnehmen, die Sauce auf die gewünschte Konsistenz reduzieren und mit etwas Mondamin binden. Zum Schluss das Ebereschenmark unterrühren und abschmecken.

Das Kalbsfilet anbraten und im Backofen bei 180° C 12-15 Minuten garen. Anschließend mit Kräutern in Alufolie wickeln und ruhen lassen.

P a r m e s a n c r ê p e

Die Hefe in der lauwarmen Milch auflösen und mit dem Mehl einen Ansatz bereiten, kurz ruhen lassen. Das Eiweiß mit Zucker und einer Prise Salz cremig schlagen.

Den Ansatz mit den Eigelben, dem Parmesan und der Butter ganz kurz verrühren und dann den Eischnee unterheben.

In der Pfanne Butter zerlassen, die Crêpemasse 1/2 cm dick verteilen und kurz anbacken lassen. Die Pfanne mit dem Crêpe im Backofen etwa 5 Minuten backen lassen. Aus der Pfanne lösen und mit raschem Griff einrollen.

Beide Fleischsorten aufschneiden und mit dem Crêpe und dem Gemüse gefällig arrangieren.

★ ★ ★

Zutaten

F l e i s c h

400 g Kalbsfilet
1 Kalbshaxe á 1,2 kg
2 l Kalbsjus
100 g Röstgemüse
100 ml Rotwein
Balsamessig
Sojasoße
20 cl TABU Absinth 55%
1 EL Tomatenmark
etwas Rosmarin und
Thymian
2 EL Ebereschenmark

P a r m e s a n c r ê p e

1/4 l Milch
12 g Hefe
125 g Mehl
3 Eigelbe
3 EL frisch geriebener
Parmesan
50 g flüssige Butter
3 Eiweiße
Salz, Zucker

Maibockrücken mit Holunderblüten & Rucolapolenta

Zubereitung

Zutaten

Fleisch

Den Rehrücken auslösen, parieren, in Medallions schneiden und bei 180° C ca. 10 Minuten im Backofen garen.
Dann heraus nehmen, in Alufolie wickeln und ruhen lassen.

Soße

Die Knochen klein hacken und im Backofen anrösten, das Röstgemüse und Tomatenmark dazugeben und entsäuern. Mit Absinth, Balsamessig, Sojasoße ablöschen – etwas Rotwein dazugeben und bis auf ein Minimum verkochen lassen. Mit Kalbsjus (oder Wasser) aufgießen. Pimentkörner, Wacholderbeeren, Rosmarin und Lorbeer dazugeben und ca. 1 Stunde ziehen lassen. Durch ein Tuch passieren.

1 Schalotte anschwitzen, mit Rotwein ablöschen und verkochen lassen. Mit der Jus aufgießen, auf die gewünschte Konsistenz reduzieren und mit etwas Speisestärke binden – anschließend passieren und mit Holunderblütenessig abschmecken.

Rucolapolenta

Den Rucola vom Stengel befreien und Petersilie zupfen. Mit den weiteren Zutaten im Küchenmixer zu einer homogenen Masse verarbeiten.

Die Milch mit dem Gries aufkochen lassen, zum Schluss die Pesto unterrühren, auf einem geölten Blech aufstreichen, auskühlen lassen, in Rauten schneiden und kurz in Butter aufbraten.

★ ★ ★

Fleisch

2,2 kg Rehrücken

Soße

200 g Röstgemüse
(Möhren, Sellerie, Zwiebel, Petersilienwurzel)
1 EL Tomatenmark
2 cl TABU Absinth 55%
20 ml Balsamessig
10 ml Sojasoße
200 ml Rotwein
3-4 Pimentkörner
3 Wacholderbeeren
1 Rosmarinzweig- und
1 Lorbeerblatt
1 Schalotte gewürfelt
Holunderblütenessig
etwas Speisestärke

Rucolapolenta

5 Bund Rucola
100 g Petersilie
200 ml Olivenöl
30 g geröstete Pinienkerne
20 g geröstete Walnüsse
Salz Pfeffer
500 ml Milch, 180 g Maisprieß
Salz, Muskat, Knoblauch

Medaillons vom Damhirsch
mit konfierten Absinthkirschen &
jungem Lauch

Zutaten   **Zubereitung**

Fleisch

400 g Damhirschrücken
(in 8 Medaillons)
20 ml Pflanzenöl
100 g Butter
5 Wacholderbeeren
1 Zweig Rosmarin
1 Zweig Salbei
5 Pimentkörner

Kirschen

300 g Herzkirschen
50 g Zucker
100 ml Portwein
100 ml Rotwein
50 cl TABU Absinth 55%
1 Zimtstange
1 Vanillestange

Lauch

8 Stangen jungen Lauch
Butter
Salz, Muskat

Fleisch

Zutaten in einer Pfanne erhitzen und die Hirschmedaillons
7 Minuten in steigender Butter sautieren. Dann 3 Minuten in Alufolie ruhen
lassen und aufschneiden. Bratensaft mit Sherry ablöschen und mit
etwas kalter Butter zu einer Soße montieren.

Kirschen

Kirschen entsteinen und 5 Stunden bei 80° C im Ofen trocknen.
Die restlichen Zutaten leicht einkochen und die Kirschen darin einlegen.

Lauch

Lauch putzen, in Salzwasser blanchieren, abschrecken und mit etwas
Butter anschwenken, dann abschmecken.

★ ★ ★

Roulade von Rehbock mit Kartoffel-Kürbis-Knödeln auf Lorbeerjus

Zubereitung

Zutaten

Fleisch

Rehkeule auslösen und parieren. Das parierte Fleisch halb aufschneiden und plättieren. Das überstehende Fleisch abschneiden und mit Salz, Rosmarin, Wacholder, Absinth und Sahne zu einer Farce verarbeiten.

Die Rehrouladen mit der Farce bestreichen, einrollen und in ein Schweinenetz einschlagen. Im Bräter würzen und von allen Seiten anbraten. Röstgemüse und Lorbeerblätter zugeben, tomatisieren und mit Rotwein, Balsamessig und Sojasoße ablöschen. Mit Jus auffüllen und im Backofen bei 180° C ca. 25 Minuten schmoren lassen.

Rouladen entnehmen und warm stellen. Die Soße passieren und auf die gewünschte Konsistenz reduzieren lassen, ggfls. mit Mondamin binden.

Knödel

Die Kartoffeln kochen, pellen und noch heiß durch die Kartoffelpresse drücken. Die Eigelbe nach und nach unterarbeiten. Das Weißbrot zugeben und mit Salz und Muskat abschmecken.

Kürbis schälen und entkernen und in kleine Würfel schneiden. Schalotten in Würfel schneiden und in Olivenöl anschwitzen, den Kürbis dazugeben und mit dem Apfelsaft aufgießen. Mit Apfelessig und Chiliöl abschmecken. Ggfls. mit etwas Mondamin abbinden.

Einen kleinen Probekloß drehen, ein Loch hineinbohren und das Chutney einfüllen und verschließen. In kochendes Salzwasser legen, sofort die Hitze reduzieren. Wenn der Kloß obenauf schwimmt, ist er gar. Nun probieren, ob Geschmack und Konsistenz gefällig sind. Wenn der Kloß zu weich sein sollte, geben Sie noch etwas Weißbrot zur Masse. Von der Masse eine Rolle formen und in gleich große Stücke schneiden, mit Kürbischutney füllen, zu Klößen formen und in Salzwasser kochen.

★ ★ ★

Fleisch

1,2 kg Rehkeule
Salz
5 Stück Wacholder
1 Zweig Rosmarin
8 frische Lorbeerblätter
100 ml Sahne
Röstgemüse
(Möhren, Lauch, Sellerie)
2 EL Tomatenmark
200 ml Rotwein
20 ml Balsamessig
10 ml Sojasauce
1 l Rehjus
5 cl TABU Absinth
classic strong

Knödel

500 g mehlig
kochende Kartoffeln
4 Eigelbe
100 g frisch
geriebenes Weißbrot
(ohne Rinde)
Salz, Muskat
200 g Muskatkürbis
1 Schalotte
etwas Apfelessig
etwas Chiliöl
50 ml Apfelsaft

Glasiertes Hasenrückenfilet mit geschmorten Schalotten & Kartoffelraviolis

Fleisch

4 Hasenrücken am Knochen
(mit Leber und Nieren)
50 g Mire-poix
500 ml Kalbsjus
5 cl Portwein
5 cl Balsamessig

Schalotten

500 g Schalotten
je 1 Zweig
Rosmarin, Thymian
1 Knoblauchzehe
5 cl TABU Absinth 55%
Weißwein

Kartoffelraviolis

500 g Kartoffeln
4 Eigelbe
100 g mie de pain
1/2 Boskopapfel
1 Schalotte
1 TL Majoran
50 ml Olivenöl
100 g Butter
20 Stangen
grünen Spargel
(blanchiert und gekürzt)

Fleisch

Die Hasenfilets und -rücken auslösen. Die Nieren von Fett und Häutchen befreien, in das Filet eindrehen und mit einem Holzspieß fixieren. Die Leber putzen und würfeln. Die Karkassen anrösten, Mire-poix dazugeben, mit Portwein und Balsamessig ablöschen und mit der Kalbsjus auffüllen. Ca. 1 Stunde simmern lassen, passieren und auf die gewünschte Konsistenz reduzieren. Die Schalotten in Julienne schneiden, in etwas Olivenöl anschwitzen und mit dem Absinth ablöschen, die Kräuter dazugeben und im Ofen ca. 1/2 Stunde schmoren. Kräuter und Knoblauch wieder entnehmen. Den Hasenrücken in Olivenöl anbraten und ca. 3 Minuten im Backofen bei 180° C braten. Die Nierenspieße dazugeben und ebenfalls kurz anbraten, dann Rosmarin dazugeben. Das Ganze mit Alufolie abdecken und ruhen lassen.

Kartoffelraviolis

Die Kartoffeln kochen, pellen und durch ein Sieb streichen. Mit den Eigelben und dem mie de pain vermengen, mit Salz und Muskat abschmecken. Für die Füllung die Schalotte und den Apfel fein würfeln und mit der Leber kurz sautieren, auskühlen lassen und Majoran dazugeben. Die Kartoffelmasse portionsweise auf Klarsichtfolie setzen, wiederum mit Folie bedecken, mit einem Rollholz ausrollen, Folie anheben und auf die Mitte die Füllung geben. Mit Hilfe der Folie einschlagen, leicht andrücken und die Folie entfernen, dann gezackt ausstechen. Auf ein trockenes Küchentuch setzen und beiseite stellen. Den Spargel putzen, blanchieren, die Spitzen auf ca. 3 cm kürzen und den Rest in Stifte schneiden.

Die Raviolis in steigender Butter braten und abtropfen lassen. Die Schalotten mit etwas Jus binden und auf dem Teller platzieren. 2 Kartoffelraviolis pro Person anrichten. Den Kaninchenrücken und die Niere aufschneiden, auf die Schalotten setzen und mit dem glasierten Spargel garnieren. Mit der Jus umgießen.

★ ★ ★

Schweinefleisch frittiert
mit Sojasprossen

Zutaten

Zubereitung

Fleisch

Fleisch

200 g
Schweinehackfleisch
1/4 Paket Wan-Tan
1 TL Tandoori
1 Messerspitze
Kümmelpulver
1 Limone
(Saft und Abrieb)
Salz
1 Eigelb

Schweinefleisch mit Tandoori, Limone, Kümmelpulver, Salz und
Ei vermischen und abschmecken. Den Wan-Tan durch die
Nudelmaschine (Spaghettirolle) drehen. Das Schweinefleisch zu kleinen
Bällchen formen, in den Wan-Tan-Streifen
wälzen und mit Hilfe eines Schaschlikspießes in tiefem Fett frittieren.

Sojasprossen

Sojasprossen

150 g Sojasprossen
1 Paprika rot
(in Streifen geschnitten)
1 Bund Koriander
1 cl TABU Absinth 55%
30 ml Sojasoße
1 EL Sesamöl
1 TL Schwarzer Sesam
Kümmelpulver

Die Sojasprossen und Paprika in Sesamöl anschwitzen, salzen und mit
Absinth, Sojasoße und gehacktem Koriander abschmecken und dem schwarzen
Sesam vollenden. Darauf achten, dass das Gemüse leicht suppig bleibt.

Die Sojasprossen auf einem Teller anrichten, das frittierte Schweinefleisch
darauf platzieren und mit Koriander garnieren.

★　★　★

Strudel von der Kalbszunge
mit RoteBete & Absinth-Schwarzwurzeln

Zubereitung

Zutaten

Fleisch

Die Kalbszunge, das Gemüse und die Gewürze in einen Topf geben, mit
Wasser auffüllen und langsam köcheln lassen (die Zunge ist gar,
wenn die Spitze weich ist). Die Zunge herausnehmen, die Haut abziehen und
auskühlen lassen.Das Gemüse in feine Würfel schneiden und blanchieren.
Die Zunge in feine Streifen schneiden und mit den Gemüsewürfeln vermengen
und mit Salz und etwas Apfelessig abschmecken.

Teig

Für den Strudelteig werden alle Zutaten zu einem glatten Teig verarbeitet.
Der Teig sollte von der Verarbeitung mindestens 30 Minuten ruhen.
Der Teig wird dünn ausgerollt und dann über den Handrücken so
dünn wie möglich auseinander gezogen (so dass man hindurchschauen kann).
Anschließend werden ca. 12 cm große Quadrate aus dem Teig geschnitten
und an den Seiten mit flüssiger Butter eingestrichen. In die Mitte setzt
man die abgeschmeckten Kalbszungenstreifen, rollt den Teig zu einem kleinen
Bonbon ein und pinselt dieses mit flüssiger Butter ein. Der Strudel wird bei 200° C
für 8-10 Minuten im Ofen gebacken. Auf der Rote Bete anrichten.

Rote Bete

Die Rote Bete mit den Gewürzen kochen, schälen und auskühlen lassen.
Die Rote Bete in Scheiben schneiden und mit Apfelessig und Olivenöl marinieren.
Auf einem Teller kreisrund anrichten.

Schwarzwurzeln

Die Schwarzwurzeln schälen, in feine Würfel schneiden und in Traubenkernöl
anschwitzen. Mit dem Schalottenessig ablöschen und mit dem
Geflügelfond auffüllen. Thymian und Lorbeer werden hinzu gegeben, und die
Schwarzwurzeln werden weich gekocht. Der Sud wird mit Absinth abgeschmeckt,
mit dem Olivenöl verrührt und um den Strudel verteilt.

★ ★ ★

Fleisch

1 Kalbszunge
2 Möhren
1 Stück Sellerie, 3 Zwiebeln
2 Lorbeerblätter
2 Stück Nelken
5 Pfefferkörner
2 Wacholderbeeren
Salz, Essig
je 100 g Sellerie,
Möhre, Lauch
(für Gemüsewürfel)

Teig

100 g Mehl, 10 g Ei
30 g Wasser, 1 Prise Salz

Rote Bete

50 g Rote Bete
5 g Kümmel, 1 Lorbeerblatt
Salz, Essig

Schwarzwurzeln

500 gr Schwarzwurzeln
1 Zweig Thymian
1 Lorbeerblatt
300 ml Geflügelfond
30 ml Schalottenessig
10 cl TABU Absinth 55%
Olivenöl, Traubenkernöl

Avocadoschaum mit Mascarpone & Lebkuchen

Zubereitung

Avocados

Eine Avocado in kleine Würfel schneiden, die andere pürieren.
Mit Zucker, Limonensaft und -abrieb, Salz und Mascarpone glattrühren.
Die kleinen Avocadowürfel mit dem Absinth marinieren
und unterheben.

Lebkuchen

Alles miteinander verkneten. Masse aufstreichen und bei
180° C ca. 5-10 Minuten backen, bis eine schöne Braunfärbung erreicht ist.

Avocadoschaum und Lebkuchen schichtweise aufeinander setzen und mit
Cassismark servieren.

★ ★ ★

Zutaten

Avocados

2 reife Avocados
2 Limonen (Abrieb und Saft)
150 g Mascarpone
1 EL Zucker
100 g geschlagene Sahne
1 Prise Salz
2 cl TABU Absinth 55%

Lebkuchen

100 g Zucker
200 g Marzipanrohmasse
100 g Eiweiß
2 TL Lebkuchengewürze
1 Prise Salz

Kürbiskernparfait auf marinierten Absinthbeeren mit Limonensauerrahm

Zubereitung

Parfait

Kürbiskerne, 100 g Zucker und 2 EL Wasser kochen, bis der Zucker kristallisiert und die Kürbiskerne knacken. Auf Backpapier verteilen und mit etwas Kürbiskernöl beträufeln. Kerne und Öl bewegen, so dass sich die Kerne voneinander trennen. Auskühlen lassen.

Nun 60 g Zucker und 1 EL Wasser kurz aufkochen, die Eigelbe schaumig schlagen, den heißen Zucker bei laufender Küchenmaschine unter das Eigelb geben und kalt schlagen, bis die Masse cremig ist.

Die geschlagene Sahne mit der Hälfte der Kürbiskerne verrühren und unter die Eigelbmasse heben. Die Masse in eine Form geben und einen halben Tag gefrieren lassen.

Vor dem Servieren die Form unter heißem Wasser lösen und das Parfait mit den restlichen gehackten Kürbiskernen umhüllen.

Beeren

Schwarze Johannisbeeren, Himbeeren, Walderdbeeren und Brombeeren mit etwas Absinth und gehackter Minze marinieren.

Sauerrahm

Saure Sahne mit etwas Limonenabrieb, Limonensaft und dem Vanillemark marinieren.

★ ★ ★

Zutaten

Parfait

100 g Zucker
100 g Kürbiskerne
3 EL Wasser
Kürbiskernöl
4 Eigelbe
250 g geschlagene Sahne

Beeren

50 g Schwarze Johannisbeeren
50 g Himbeeren
50 g Walderdbeeren
50 g Brombeeren
5 cl TABU Absinth 55%
Minzeblätter

Sauerrahm

100 ml Saure Sahne
1 Limone
1 Vanillestange

Quarksoufflé mit marinierten Erdbeeren

Zubereitung

Quark

Quark, Saure Sahne, Eigelb, die Hälfte des Zuckers sowie den Saft
und Abrieb der Orange und Limone zu einer glatten Masse verrühren.
Die Eiweiß mit dem restlichen Zucker aufschlagen und unter
die Masse geben.

Timbalformen gut ausbuttern und mit Zucker ausstreuen.
Im Wasserbad bei 200° C ca. 20 Minuten pochieren, dabei den Ofen
geschlossen halten. Schnell servieren!

Erdbeeren

Erdbeeren putzen, vierteln und mit Zucker, Zitronensaft und
Absinth marinieren.

★ ★ ★

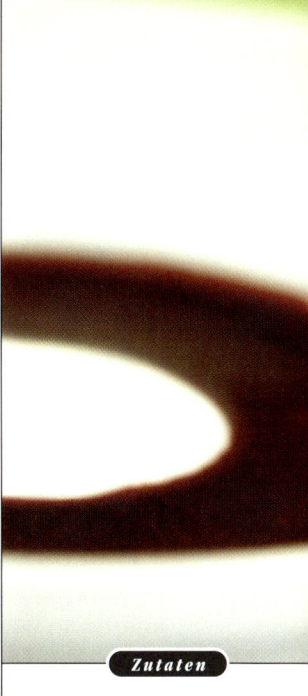

Zutaten

Quark

50 g Quark
50 g Saure Sahne
2 Eigelb
1 Orange (Saft und Abrieb)
1 Limone (Saft und Abrieb)
2 Eiweiß
50 g Zucker

Erdbeeren

500 g Erdbeeren
2 cl TABU Absinth 55%
etwas Zitronensaft
etwas Zucker

Teemousse mit Kompott von Kumquats & Absinth

Mousse

Milch, Sahne, Salz und Vanillestange aufkochen.

200 g Zucker und Eigelb schaumig rühren, mit der warmen Milch auffüllen und bis zur Rose rühren.
Die eingeweichte Gelatine unter die warme Masse rühren.

Schwarzen Tee mit etwas Zucker und Orangenabrieb abschmecken.

Karamelsahne kochen: Zucker schmelzen lassen bis zur Karamelfarbe, mit flüssiger Sahne ablöschen und kurz einkochen.
Auskühlen lassen.

Die Creme teilen und mit Tee bzw. Karamel verrühren, abkühlen lassen und mit je 200 g geschlagener Sahne aufrühren.
In eine Terrinenform schichtweise einfüllen.

Kumquats

Die Kumquats halbieren, mit Orangensaft, Ingwer, Zucker und Absinth aufkochen und mit etwas Mondamin abdicken.

★ ★ ★

Zutaten

Mousse

800 ml Milch
200 ml Sahne
Salz, Vanillestange
300 g Zucker
14 Eigelb
9 Blatt Gelatine
300 ml kräftiger,
Schwarzer Tee
350 g Zucker
150 g flüssige Sahne

Kumquats

500 g Kumquats
300 ml Orangensaft
Abrieb einer Orange
2 cl TABU Absinth 55%
Ingwer
Mondamin

Blaubeer-Kaltschale
mit Absinth & süßen Flädle

Kaltschale

500 g Blaubeeren
100 g Zucker
1 Vanillestange
1 Zitronengras
2 cl TABU Absinth 55%
5 cl roter Portwein

Flädle

200 g Mehl, 50 g Zucker
1 Orange, 2 Eigelb
8 Minzeblätter
500 g Blaubeeren für Salat
50 g Joghurt

Kaltschale

Die Blaubeeren mit Zucker fein mixen und mit Absinth abschmecken.
In einen Kaffeefilter zerschnittenes Zitronengras und Vanilleschote einpacken
und mit Küchenband zubinden. Zusammen mit dem Blaubeerpüree
5 Stunden im Kühlschrank ziehen lassen.

Flädle

Aus Mehl, Zucker, Orangensaft und Eigelb einen geschmeidigen Nudelteig
kneten, durch die feine Rolle der Nudelmaschine drehen und in kochendem,
süßen Nudelwasser einmal aufkochen, abgießen und abschrecken.
Die restlichen Blaubeeren mit den Nudeln und der Kaltschale in einem tiefen
Teller servieren. Mit einem Klecks Joghurt und Minzeblättern dekorieren.

★ ★ ★

Tamarillos mit Absinthsabayon

4 Eigelb
100 g Zucker
200 ml Weißwein
2 cl TABU Absinth 55%
1/2 Vanilleschote
6 Tamarillos
30 g gehackte Pistazien

Eigelb, Zucker, Weißwein, Absinth und Vanille in eine Aufschlagschüssel
geben und auf einem Wasserbad schaumig schlagen. Tamarillos
schälen, mit Puderzucker bestäuben, gratinieren, mit Sabayon begießen
und mit Pistazien dekorieren.

★ ★ ★

Mango-Orangen-Salat

Zubereitung

Zutaten

Orangen filetieren, Mangos in kleine Stücke schneiden und mit den Zutaten abschmecken.

★ ★ ★

2 Mangos, 4 Orangen
1 Prise Salz, ggfls. etwas Zucker
etwas Vanillezucker
Zitrone
5 cl TABU Absinth Red

Grapefruit-Ingwer-Grütze mit Absinth

Zubereitung

Grapefruits schälen und filetieren. Saft und Fruchtstücke zusammengeben, eventuell etwas süßen und Absinth zugeben. Alles wiegen und auf 100 g ein halbes Blatt Gelatine rechnen, diese einweichen, mit 2 EL Saft auflösen und mit dem restlichen Saft und den Grapefruits verrühren.

Ein Stück Ingwer von der Größe eines Zuckerwürfels schälen, auf einer Reibe reiben und im Läuterzucker (Gemisch aus 100 g Zucker und 100 ml Wasser, das aufgekocht wurde) kurz ziehen lassen und unter die Grapefruit rühren. Die Grütze ca. 1 Stunde kaltstellen.

★ ★ ★

Zutaten

6-8 Grapefruit
2 cl TABU Absinth red
Gelatine
100 g Zucker
etwas Zitronensaft
Ingwer

Pflaumenterrine mit Amarettinis

Zubereitung

Pflaumen waschen, vierteln und entkernen. Mit Zucker, Zimt, Salz und der halben Vanillestange verkochen, kaltstellen und pürieren.

Das kalte Püree mit Absinth, Saurer Sahne und Zitrone verrühren (ggfls. mit Zucker nachschmecken), die aufgelöste Gelatine unterrühren und zum Schluss die geschlagene Sahne vorsichtig unterheben. Die Hälfte der Masse in eine mit Frischhaltefolie ausgelegte Terrinenform füllen. Amarettinis einlegen. Den Rest der Masse darüber geben, glatt streichen und fest werden lassen.

Die Terrine stürzen und in die gewünschten Formen zurechtschneiden.

★ ★ ★

Zutaten

150 g Amarettinis
200 g Pflaumen
80 g Zucker
Zimt
1 Prise Salz
1/2 Vanillestange
80 g Saure Sahne
1/2 Zitrone
5 Blatt Gelatine
125 g geschlagene Sahne
4 cl TABU Absinth
classic strong

Mein persönliches
kleines Lexikon der Laster & des
Fehlverhaltens nebst einigen
sachlichen, unskandalösen, somit
fast vollständig langweiligen
Fakten rund um den
Absinth.

———— **A** ————

Alkohol (anstelle einer Warnung)

„Freund Alkohol, Freund Alkohol! Datt Du mien Feind bis, wees ick wohl." Wer kennt ihn nicht, den alten friesischen Trinkspruch? Er sagt mehr als tausend schlaue Worte und ist kürzer als jede Ansprache. Über die Schattenseiten des Alkoholgenusses zu moralisieren, ersparen wir uns an dieser Stelle. Setzen wir einfach mal kühn voraus, dass wir als erwachsene Menschen eine ungefähre Ahnung davon haben, was wir unserer Leber und unseren grauen Zellen und dem ganzen untergeordneten Restkörper zumuten können; und auf welchen Wegen und in welchem Zustand wir uns auf unser immerhin absehbares Ende zu bewegen wollen. Zu allem, was sonst noch zu dem Thema „Alkohol & Konsequenzen" zu sagen ist, hat sich in abschließender und dankenswerter Weise der Dichter Robert Gernhard unter dem Stichwort „Folgen der ➜ Trunksucht" geäußert.

Absinth

Absinth ist schon ein ganz besonderer Saft, seine spezifische Zusammensetzung, bewirkt – nach unseren Erfahrungen – ein angenehm inspiriertes ➜ Tagträumen. Da kann einem die Realität schon verführerisch weit und nachhaltig abhanden kommen. Davor sei ohne Zeigefinger, vielmehr im Sinne angewandter Nächstenliebe gewarnt, denn, Oscar ➜ Wilde brachte es auf den Punkt: „Einem Verbrecher vergibt die Gesellschaft. Einem Träumer nie." Das dürfte sich inzwischen kaum verbessert haben. Also geben Sie auf sich Acht, und lesen Sie, was Oscar noch zum Thema ➜ „Halluzinationen" Kundiges zu sagen wusste.

Absinth enthält schon verdammt viel, um nicht zu sagen saumäßig viel Alkohol. Natürlich sind der 55-Prozenter und erst recht der 73%ige der Essener Traditionsdestillerie RAUTER saubere und mit Sorgfalt destillierte Getränke. Es gibt ihrer drei, und alle Rezepte in diesem Buch wurden ausschließlich mit diesen dreien entwickelt: Den 55%igen TABU in der 700 ml-Flasche gibt es neben der „normalen" Ausführung (also in klassischem grün und im dunklen Glas) auch in roter Farbe. Der 73%ige „classic strong" wird in einer 500 ml-Flasche geliefert. Nur mit diesen Absinthen können wir beim Nachkochen – die nötige Kunst am Herd vorausgesetzt – für korrekte Gaumenfreuden garantieren. Andere und teilweise minderwertige Produkte verhalten sich beim Kochen nicht unbedingt stabil und zerfallen beim Erhitzen unschön in ihre Bestandteile.

Im Prinzip kann man beide Stärken auch pur, etwa als Digestif trinken. Das wird den meisten aber wegen des hohen Gehalts an hochwertigem Wermut etwas zu bitter sein, weshalb wir die klassischen, nachsüßenden ➜ Trinkrituale empfehlen.

Allen ➜ Absinthés, die mehr über Absinth wissen wollen, als sie schmecken können, sei folgendes Buch von Helmut Werner empfohlen: „Absinth. Die grüne Wunderfee." (Ullstein-Verlag, ISBN 3-548-36373-3). Im Gegensatz zu diesem Buch, das purer Genusssucht entsprungen ist (und dessen Fertigstellung immer wieder durch Anfälle von Genusssucht behindert wurde), hat Helmut Werner in seinem Werk in tadellos schmuckloser Form alles zusammengetragen, was man über Absinth überhaupt wissen kann.

Außerdem gibt es von dem Akademischen Oberrat Privat-Dozent Dr. med. Wolfgang Huckenbeck (Leiter des serologischen Laboratoriums am Institut für Rechtsmedizin an der Universität Düsseldorf) eine hochwissenschaftliche, streng unhedonistische Abhandlung, aus der wir hier ein Destillat der wichtigsten Fakten zum Getränk als Getränk offerieren: „Absinth ist ein alkoholisches Getränk, zu dessen Herstellung u.a. ein Extrakt aus dem ➜ Wermutkraut (lateinisch: ➜ artemisia absinthium; engl.: wormwood) verwendet wird. Üblicherweise handelt es sich um ein Produkt von smaragd-grüner Farbe mit ausgesprochen bitterem Geschmack. Absinth enthielt und enthält über 50 Volumenprozent Ethanol. Schon aus diesem Grund wird es in der Regel verdünnt und mit Zuckerbeimengung konsumiert. Bei der Verdünnung mit Wasser kommt es zu einer opaleszierenden Weißfärbung, die ja auch von anderen Getränken wie Pernod und Pastis bekannt ist. Ursache hierfür ist die fehlende bzw. sehr schlechte Wasserlöslichkeit der enthaltenen ätherischen Öle; diese präzipitieren (ein entzückendes Fremdwort, das wir Absinthés uns unbedingt zu eigen machen sollten; es bedeutet ausfällen oder ausflocken. Bei der Vermischung von Absinth und Eiswasser sind wir mithin Zeugen einer Präzipitation! M.W.E.) bei der Verdünnung aus der alkoholischen Lösung." Die Weißfärbung wird auch → Louche-Effekt genannt.

Wer hat's erfunden? Überraschenderweise die Eidgenossen von der Ricolafront in der französischen Schweiz. Aber wer jetzt genau? Eines der handelsüblichen Gerüchte kolportiert einen vor der Französischen Revolution nach Couvet ins schweizerische Val-de-Travers geflohenen Franzosen namens Dr. Ordinaire als Urheber respektive Entdecker des Getränks; und zwar 1792 und in einem Kloster. Pierre Ordinaire experimentierte in der Tat mit einem selbstdestillierten Wermuttröpfchen von über 60% Alkohol und beglückte als erfahrener Landarzt seine Patienten mit diesem Gesundmacher. Man nannte das hochbeliebte Getränk auch tatsächlich „La Fée Verte"; die grüne Farbe hatte es unter anderem deswegen, weil Dr. Ordinaire neben den klassischen Zutaten wie → Anis, → Ysop, Melisse und einigen weniger klassischen Beimengungen wie Koriander, Veronika und Camomile auch Spinat (!)mit dreingab.

Aber abgesehen davon, dass Absinth-Elexiere und absinthierte Weine eine Jahrtausende alte Geschichte haben, gab es da auch noch die Schwestern Henriod in der unmittelbaren Nachbarschaft des guten Onkel Doktor. Und die produzierten Absinth schon länger als er. Lassen wir Dr. Ordinaire trotzdem die Ehre, den Absinth als erster in der Geschichte unter dem Namen der Grünen Fee verkauft und vermarktet zu haben.

Folgenreicher war indes, dass Madame und Madame Henriod eines Tages zwei Flaschen an einen netten Herrn verkauften, den Major Henri Dubied, der von den gesundheitlichen und anderen Vorzügen des Getränks derart begeistert war, dass er den beiden Damen auch noch das Rezept abluchste. 1797 gründete er im Val-de-Travers die erste Absinthfabrik, in den bescheidenen Maßen von acht mal vier Metern. Ein Jahr später ließ er es zu, dass seine Tochter Emilie einen jungen Schweizer namens Henri-Louis Pernod heiratete; ja genau den. Von nun an kriegt die Sache eine gewisse Dynamik, und die 8x4-Schnapsbude langte schon bald nicht mehr. Pernod, der schon einiges nach Frankreich exportierte, baute, um Steuern zu sparen, eine größere Fabrik wenige Kilometer jenseits der Grenze, auf französischem Boden, in Pontarlier.

Vor Ausbruch des Algerienkrieges von 1844 wurden in der Pernod-Destillerie in Pontparlier auf rund 36.000 Quadratmetern täglich 400 Liter gebraut. Die französischen Truppen bekamen Absinth als Malariaprophylaxe, vermischt mit Wein oder Wasser und — wegen der besseren Trinkbarkeit — gesüßt mit Anis. 1847 brachten die heimkehrenden Soldaten diese Kombination nach Paris, wo das Getränk schnell Karriere machte: Um die folgende Jahrhundertwende betrug die Tagesproduktion bei Pernod schon 125.000 Liter.

Als in der ersten Hälfte des letzten Jahrhunderts der Absinth fast in allen europäischen Ländern und den USA verboten wurde (nur Portugal, Spanien und die damalige Tschechoslowakei machten eine Ausnahme), stellte man bei Pernod die Rezeptur um, blieb aber bei der inzwischen beliebten Anisbasis, und erfand das Getränk, was uns heute noch als Pernod bekannt ist, und welches ja auch nicht gerade unangenehm schmeckt.

Das Absinth-Gesetz wurde 1981 aufgehoben, die Aromenverordnung verbot in Deutschland aber weiterhin die Verwendung von Wermutöl. Doch: Wie so oft bringt die EU Änderungen. Seit dem Jahr 1991, nicht wie oft berichtet 1998, ist ein reglementierter Thujon-Anteil wieder zulässig (Richtlinie 88/3888/EWG vom 22.06.1988). Mit Beschluss vom 27.09.91 (Bundesratssache 428/91) wurde auch in Deutschland die Zulässigkeit von Thujon auf 5 mg/kg in alkoholischen Getränken von bis zu 25 Vol%, von 10 mg/kg bei einem Gehalt von mehr als 25 Vol% und auf 35 mg/kg in Bitterspirituosen festgelegt (Bundesgesetzblatt 1991, Teil I, Seite 2045-509. Dies schrieb Oberrat Dr. Huckenbeck in seinem oben bereits erwähnten Aufsatz „Absinth – ein neues Spielzeug für die ➔ Spaßgesellschaft?" in den „SeroNews" III/2001, 6. Jahrgang; auch nachzulesen im Internet unter:

http://www.uni-duesseldorf.de/WWW/MedFak/Serology/
sero/sero-3-01/absinth.htm

Absinthé

Für die Dauer dieses Buches nennen wir einen Absinthé, wer mit Absinth – bei einiger Kenntnis der kulturellen Umgebung dieses Getränks und ausgestattet mit einer eigenen Lebensphilosophie – gelassen, zivilisiert und genussvoll umgehen kann. In der angelsächsischen Absinthszene wird er „Absintheur" genannt.

Anis

Lateinisch: pimpinella anisum. Doldengewächs, ursprünglich aus dem Orient, wird heute hauptsächlich in der Türkei, Spanien, Italien und Russland aber auch in der Umgebung von Erfurt (Thüringer Anis) angebaut. Zur Verwendung kommen die ausgedreschten Früchte des getrockneten Krauts. Wird in fast allen Wermutrezepturen zum Süßen eingesetzt. Nicht zu verwechseln mit Sternanis.

Antialkoholiker

Der früh-dadaistische Hardliner Alfred Jarry verspottete die alkohol-meidenden Gesundheitsapostel: „Antialkoholiker sind Unglückliche in den Klauen des Wassers, dieses schrecklichen aggressiven Giftes, das von allen Substanzen zum Waschen und Putzen auserwählt wurde. Gibt man nur einen Tropfen Wasser in eine klare Flüssigkeit wie Absinth, wird dieser trüb.“

Baudelaire, Charles

Französischer Dichter (1821-1876), Kunsttheoretiker, Begründer einer modernen, urbanen Poetik, Konsument von erstaunlichen Mengen Opiumtinktur und zudem Absinth-Trinker: „Man sollte immer betrunken sein. Will man nicht die schreckliche Bürde der Zeit fühlen, die dir Schultern bricht und dich zur Erde beugt, muß man sich unaufhörlich vergiften. Aber womit? Mit Wein (steht bei C.B. auch für Absinth. MWE), Poesie, oder mit Tugend, ihr habt die Wahl. Aber vergiftet euch!“

Ein Gedicht aus den 1857 erschienenen „Fleurs du Mal“, den „Blumen des Bösen“, die das poetische Medium des Gedichts auf unerhörte Weise skandalisierten:

Le Poison

Le vin sait revetir le plus sordide bouge
d'un luxe miraculeux,
et fait surgir plus d'une portique fabuleux
dans l'or de sa vapeur rouge,
comme un soleil couchant dans un ciel nébuleux.
L'opium agrandit ça qui n'a pas de bornes,
allonge l'illimité,
approfondit le temps, creuse la volupté,
et des plaisirs noirs et mornes
remplit l'âme au-delà de sa capacité

C

Und hier gleich noch ein Sonett:

Correspondances

La nature est une temple où de vivants piliers
Laissent parfois sortir de confuses paroles;
L'homme y passe à travers des forêts de symboles
Qui l'observent avec des regards familiers.

Comme des longs échos qui de loin se confondent
Dans une ténébreuse et profonde unité,
Vaste comme la nuit et comme la clarté,
Les parfums, les couleurs et les sons se répondent.

Il est des parfums frais comme des chairs d'enfants,
Doux comme des hautbois, verts comme des prairies,
-Et d'autre corrompus, riches et triomphants,

Ayant l'expansion des choses infinies,
Comme l'ambre, le musc, le benjoin et l'encens,
Qui chantent les transports de l'esprit et des sens.

Hier ein passables Webfundstück zu Charles Baudelaire (www-Quelle: http://www.robert-morten.de/baseportal/Redaktionssytem/britannia): „Er war ein bedeutender Wegbereiter des Symbolismus innerhalb der französischen Literatur. Mit seinem Werk ebnete er der Lyrik den Weg von der Romantik hin zur Moderne. Baudelaire wurde am 9. April 1821 in Paris geboren und verbrachte eine unglückliche Kindheit und Jugend, die ebenso prägend für seine literarische Laufbahn war wie die Beziehung zur dunkelhäutigen Jeanne Duval, von der Details in die frühe Novelle La Fanfarlo (1847; Die Tänzerin Fanfarlo) eingeflossen sind. 1842 machte ihn eine Erbschaft finanziell unabhängig. Von nun an führte er das ausschweifend-exzentrische Leben eines Dandys, das darauf abzielte, seine bürgerliche Umwelt zu schockieren (u. a. färbte er sich einmal die Haare grün). Die riesigen von ihm ausgegebenen Summen allerdings überstiegen Baudelaires Möglichkeiten, so dass er sich verschuldete und später versuchen musste, seinen Lebensunterhalt durch journalistische Arbeiten zu bestreiten.

1845 bzw. 1846 erschienen die kunsttheoretisch bedeutenden Abhand-
lungen ‚Les Salons', mit denen der Autor das Augenmerk auf zeitgenössische Künstler wie Honoré Daumier, Édouard Manet und – vor allem –
Eugène Delacroix lenkte. (Gustave Courbet schuf ein Porträt von ihm.)
Bekannt wurde Baudelaire 1848 durch seine Übersetzung der Werke
Edgar Allan Poes, denen er – ebenso wie den Schriften E. T. A. Hoffmanns
– wichtige Anregungen verdankte. Das Projekt wurde 1857 mit den
Erzählungen Poes abgeschlossen. 1857 erschien auch Baudelaires epochales Hauptwerk, der Gedichtzyklus ‚Les Fleurs du mal' (Die Blumen
des Bösen), der u.a., wie Walter Benjamin herausstellte, erstmals die
große Stadt (Paris) zum Helden macht. Eine wichtige Figur ist der Flaneur. Unmittelbar nach der Veröffentlichung wurde Baudelaire wegen
Erregung öffentlichen Ärgernisses angeklagt, woraufhin er nicht nur
eine Geldstrafe zahlen, sondern auch sechs als besonders unmoralisch
eingestufte Gedichte zurückziehen musste (diese Zensurmaßnahme
wurde erst 1949 aufgehoben).

Mit dem Prosaband ‚Les Paradis artificiels' (1860; Die künstlichen
Paradiese) distanzierte sich Baudelaire von seinen Versuchen einer
Bewusstseinserweiterung mittels Drogen (Wein, Opium, Haschisch) und
stellte dieser Mode der Pariser Boheme die Schöpferkraft des Dichters ent-
gegen: Nur so könne jener ‚Unendlichkeitssinn' geweckt werden, der beim
Genuss von Halluzinogenen zur Willenlosigkeit entarte. Ein zweiter Teil
des Buches übersetzt Auszüge aus Thomas de Quinceys ‚Confessions of an
English Opium-Eater' (1821/22) teilweise wörtlich ins Französische. Zwi-
schen 1864 und 1866 lebte Baudelaire in Belgien, wo er infolge einer
Syphilis eine Paralyse erlitt. Er starb am 31. August 1867 in Paris.

Gegenüber der – bereits von Poe verachteten – romantischen Vorstellung dichterischer Inspiration etabliert Baudelaire sein eher intellektua-
listisches Modell, das allerdings die Schöpferkraft des Dichters miteinbe-
zog: Die Welt wird zum Reservoir von Zeichen, zum ‚Wald von Symbolen'
(‚une fôret de symboles'). Es gilt, diese zu zerlegen und überraschend
wieder zu verknüpfen. So entstehen ungewöhnliche Bezüge und Entspre-
chungen (‚correspondances'), die Erkenntniswert besitzen. Eros und Tod
werden zentrale Themen: Allein das Rätselhafte, Geheimnisvolle, Künst-
liche, Amoralische besitzt noch Schönheit – und Bedeutung. Mit diesem
Schreibprogramm avancierte der Autor zur zentralen Gestalt des Ästheti-
zismus und der l'art pour l'art. Mit seiner Ästhetik des Hässlichen prägte
Baudelaire die Lyrik nachfolgender Dichter, vor allem aber Stéphane
Mallarmé und Arthur Rimbaud. In Deutschland wirkte der Dichter nach

auf den Expressionismus, namentlich auf Georg Trakl, später dann auf Paul Celan.

1869 kamen posthum Baudelaires Prosagedichte ‚Le Spleen de Paris‘ heraus. Sie waren gleichsam als Gegenstück zu ‚Les fleurs du mal‘ geplant (Teile waren bereits 1857 in der Zeitschrift ‚Le Présent‘ erschienen). Auch hier wird die bereits in der Lyrik thematisierte Antinomie von ‚Spleen‘ und ‚Ideal‘ – von Niederem und Hohem, Fall und Aufschwung, ‚Trübsinn und Vergeistigung‘ (siehe Stefan George) – wieder heraufbeschworen. Die Kunst (namentlich die Musik Franz Liszts) erscheint ein weiteres Mal als Möglichkeit, der Enge und der Langeweile (‚L'ennuie‘) des Daseins zu entfliehen. Ebenfalls aus dem Nachlass wurden ‚L'art romantique‘ (1886; Die Kunst der Romantik), ‚Curiosités esthétiques‘ (1868; Ästhetische Merkwürdigkeiten) und ‚Journaux intimes‘ (vollständig erstmals 1887, Intime Tagebücher) herausgegeben. Unter anderem George, Stefan Zweig und Carlo Schmid übersetzten Baudelaires Gedichte ins Deutsche.

Claude Debussy vertonte 1889 ‚Cinq poèmes de Baudelaire‘. Ein Jahr später kam ein Lithographienzyklus von Odilon Redon nach ‚Die Blumen des Bösen‘ heraus (ein weiterer herausragender Illustrator war Georges Henri Rouault). Der französische Glaskünstler Emile Gallé versah einen Teil seiner Gefäße mit dessen Gedichtzeilen. Mit ‚Die Blusen des Böhmen‘ wurde eine Verballhornung der ‚Fleurs du mal‘ von Robert Gernhardt geliefert.“

Und deswegen wird mein Lieblingslyriker auch in diesem Buch vertreten sein. Lesen Sie sein epochales Werk „Folgen der ➜ Trunksucht“.

Brouille

Franz. brouiller = mischen. Besonderer Glas- oder Metallaufsatz für das klassische Absinth-Trinkritual, der es ermöglicht, den Würfelzucker langsam in Wasser aufzulösen, wobei das Zucker-Wassergemisch langsam aus dem Aufsatz in das Absinth-Glas rinnt.

Cocktail

Der erste Cocktail der Welt (➜ Sazerac) soll übrigens ein Absinth-Cocktail gewesen sein. Der Franzose Antoine Peychaud (Erfinder des Sazerac) experimentierte in New Orleans mit verschiedenen Mixgetränken und servierte diese seinen Freunden in Eierbechern. Die Amerikaner konnten aber – so wird überliefert – das französische Wort für Eierbecher (coquetier) nicht richtig aussprechen. So wurden die Drinks von Peychaud bald Cocktails genannt.

——— **D** ———

Degas, Edgar Hilaire

Französischer Maler (1834-1917). Gehörte in Paris zum Kreis um Edouard → Manet, der sich im Café de Bade, später im Café Guerbois und schließlich im Nouvelle-Athènes traf. Das Nouvelle Athènes lieferte auch das Szenario für Degas' Skandalbild „L'Absinth" von 1876, das bei seiner Ausstellung in London 1893 einen enormen Kunstkrawall und eine frankophobe Hysterie auslöste. Während uns gelernten Absinthés der entrückt-willenlose Gesichtsausdruck der jungen Dame auf dem Bild nur allzu vertraut ist – zumindest jagt er uns keinen moralischen Schrecken ein – brach die viktorianische gute Gesellschaft Londons in sittliche Entrüstung aus.

Unter den Empörten befand sich auch ein gewisser George Moore: „What a slut!" rief er in einem Zeitungsartikel aus, und „The tale is not a pleasant one, but is a lesson." Der irische Journalist und homme de lettre George Moore dürfte die beiden von Degas Porträtierten sogar persönlich gekannt haben. Er hatte nämlich oft genug mit ihnen – der Schauspielerin Ellen Andrée und dem Courbet-Schüler Marcellin Desboutin – im Nouvelle Athènes zusammen gesessen und – weltläufig eleganter Bohemien, der er gern war – mit Künstlern bis ins Morgengrauen über Kunst und die Welt philosophiert bzw. „ästhetisiert" – wie er das nannte: „Ich war nicht in Oxford oder in Cambridge; ich war im Nouvelle Athènes." Als trinkfester Ire wird er sich wohl kaum bis zwei Uhr morgens an einem Schluck Wasser festgehalten haben.

——— **E** ———

Ethanol

Ethanol ist eine fachsprachliche Zusammenziehung der Wörter Äthan und Alkohol und steht für eine bestimmte Verbindung aus der Gruppe der Alkohole; es sind nicht die anonymen Alkohole! Und das reicht jetzt für ein Kochbuch!

— ***F*** —

Flambieren

mit Absinth ist eine Sache für sich. Der hochprozentige Alkohol würde selbst das Matterhorn in Flammen setzen. Also ist Vorsicht geboten. Abzugshauben und tiefhängende Kronleuchter – auch all deren leuchtende Brüder und Schwestern, die wir bei IKEA gekauft haben – sind die natürlichen Opfer des Flambierens. Auch Toupets sind gefährdet. Das Flambieren mit Absinth gibt einen enorm aromatischen, „kräuterigen" Geschmack an die Speisen ab. Bei Fleisch mit starkem Eigenaroma wie z.B. Lamm funktioniert das sehr gut. Bei Kalbfleisch, aber auch schon bei Rind, würde ich das Fleisch nach afrikanischer Manier vorher
➜ zitronisieren.

— ***G*** —

Gauguin, Paul

Französischer Maler (1848-1903), wurde am 7. Juni 1848 als Sohn eines Journalisten in Paris geboren, verbrachte seine ersten Lebensjahre in Lima (Peru); auf der Reise dorthin starb sein Vater. Seine Mutter kehrte vier Jahre später mit ihm und seiner Schwester nach Frankreich zurück, wo sie bei dem Bruder ihres Mannes in Orléans eine Bleibe fand.

Nach einer Zeit bei der Marine, während der seine Mutter starb, wurde Gauguin von einem Pariser Börsenmakler angestellt, bei dem er zwischen 1871 und 1883 arbeitete. In diesem Zeitraum, im Jahre 1873, heiratete er die Dänin Mette Sophie Gad, die in seinem dem Kunst gewidmeten Leben jedoch nur eine untergeordnete Rolle spielte. Während seiner Anstellung bei dem Börsenmakler widmete sich Gauguin nebenher der Malerei und malte, aufgrund seines Kontaktes mit dem Maler Pissarro, impressionistische Werke.

Nach Aufenthalten in der Bretagne, in Panama und Martinique, die nach seinem Ausscheiden aus dem Bankhaus erfolgten, reiste er 1888 zu
➜ van Gogh nach Arles, mit dem er dort eine Zeit lang zusammen lebte. Zeit seines nun folgenden Lebens befand sich Gauguin in bedrängten wirtschaftlichen Verhältnissen. Ausstellungen und Versteigerungen seiner Bilder in den Jahren 1888-1891 brachten kaum Erlöse, so dass der enttäuschte Künstler 1891 Europa verließ und nach Tahiti kam, welches

seine Malerei immens beeinflussen sollte. Auch eine Rückkehr nach Europa 1893 brachte nicht den erwarteten Erfolg. Schließlich kehrte Gauguin Europa im Jahre 1895 ganz den Rücken zu und kehrte in die „Wildnis" zurück. 1901 ließ er sich in Atuana auf der Masquesas-Insel Hiva-Oa nieder, wo er am 8. Mai 1903 starb.

Gauguin malte auch die Bretagne und die Provence, jedoch sind es seine auf Tahiti entstandenen Arbeiten, die das Leben unter den edlen Wilden in seiner überbordenden warmen Farbenpracht widerspiegeln, die Gauguin zusammen mit Cézanne, van Gogh und Munch zu den Vätern der modernen Kunst machten und den Expressionismus begründeten.

Halluzinationen

„Das erste Stadium ist wie normales Trinken, im zweiten fängt man an, ungeheuerliche, grausame Dinge zu sehen, aber schafft man es, nicht aufzugeben, kommt man in das dritte Stadium, in dem man Dinge sieht, die man sehen möchte, wundervolle, sonderbare Dinge." *Oscar Wilde*

Ingwer

geht sehr gut zusammen mit kräftigem Fleisch, das mit Absinth flambiert wird. Natürlich frisch, in kleine Stückchen geschnitten; nicht als Pulver!

Lamm, flambiert.

Hier und jetzt das Barnaby Conrad dem Dritten (siehe Vorwort und Quellenangaben) zugeeignete Rezept aus meiner eigenen Küche:

In der einen Pfanne werden Auberginenscheiben, geviertelte Tomaten, zerdrückte Knoblauchzehen in Olivenöl angebraten; zusammen mit den üblichen Verdächtigen an Gewürzen; ich mag es gern einfach, nehme also die italienische Gewürzmischung. In der anderen Pfanne schmoren wir die Lammkoteletts gleichfalls in heißem Olivenöl, gewürzt mit Salz, frischem Pfeffer und mit einem Sträußchen Rosmarin als Beigabe. Wenn knusprig und so gut wie fertig gebraten, geben wir einen Schuss Absinth in die Pfanne – in meinem Fall war es der 73%ige TABU classic strong, und setzen das Werk in Flammen; kurz und heftig. Und umsichtig! (➔ Flambieren)

Statt der Koteletts geht das gleiche Verfahren auch sehr gut mit Lammhackbällchen. Vorzugsweise würze ich diese mit frischen gehackten roten Chilis.

L'heure verte

Die grüne Stunde, die dem Absinth gewidmete Stunde lag in Paris klassischerweise zwischen 17 und 19 Uhr. Soweit die offizielle Version. Wir finden nicht nur unter Literaten und Künstlern genügend Beispiele für die Kunst, die Zeiteinheit „Stunde" ausführlich zu entgrenzen. Für einen bekennenden Absinthé ist eine Stunde ohnehin kein existentiell oder logisch oder sonstwie begründbares Zeitmaß.

Löffel

Absinth-Löffel, unentbehrliches Accessoire im 19. Jh. ähnlich einer miniaturisierten Tortenschaufel mit Löchern, auf die ein Stück Würfelzucker gelegt wird, welches mit Eiswasser übergossen, den Absinth erst trinkbar gemacht hat (➔ Trinkrituale).

In größeren Bars gab es spezielle Löffelhalter – eine Art Besteckkasten für Absinthlöffel –, die je nach Qualität mehr oder minder verziert und kunstvoll gearbeitet waren.

Louche

Der Dictionnaire Didier von 1845 definiert Louche als: „Qui n'est pas clair, qui est trouble."

Jean-Jacques Rousseau gibt im sechsten Buch seiner Confessions ein Beispiel für die Verwendung des Wortes: *„Environné de petites choses volables que je ne regardais même pas, je m'avisai de convoiter un certain petit vin blanc d'Arbois très joli, dont quelques verres que par-ci par-là je buvais à table m'avaient fort affriandé. Il était un peu louche; je croyais savoir bien coller le vin, je m'en vantai, on me confia celui-là ; je le collai et je le gâtai, mais aux yeux seulement ; il*

*resta toujours agréable à boire, et l'occasion fit que je m'en accom-
modai de temps en temps de quelques bouteilles pour boire à mon
aise en mon petit particulier. Malheureusement je n'ai jamais pu
boire sans manger."*

Obwohl es sich in der Beschreibung um etwas Alkoholisches handelt,
ist es offensichtlich kein Absinth, sondern ein nicht durchsichtiger Weißwein. Ob sich Rousseau mit dem Thema Absinth beschäftigt hat, bleibt
im Dunkeln. Aber die Sache mit dem Louche-Effekt wäre hiermit geklärt.

Manet, Edouard

Französischer Maler, wurde 1832 in Paris geboren, Sohn eines hohen
Regierungsbeamten. Bereits als Kind erhielt er Zeichenunterricht. Von
1850 bis 1856 arbeitete Manet im Atelier des Historienmalers Thomas
Couture und ergänzte seine Ausbildung durch den Besuch der Academie
Suisse, wo er viel später Cézanne kennenlernte.

Die erste Schaffensphase ist – gemäß der traditionalistischen, kon-
ventionellen Ausbildung – geprägt von Kopien alter Meister, die er im
Louvre, und auf ausgedehnten Reisen ins europäische Ausland, nach
Deutschland, Österreich, Italien, Niederlande, Spanien malte. Sein
besonderes Interesse galt dabei den Werken von Frans Hals, Diego Velázquez, Tizian, Tintoretto, Goya und Delacroix.

Zunächst entstanden Genrebilder, auf denen Manet Bettler und Gas-
senjungen darstellte, sowie Kaffeehaus- und Stierkampfszenen. Seine
ersten Versuche, im Salon auszustellen, scheiterten, so 1859 mit „Der
Absinthtrinker" (Ny Carlsberg Glyptotek, Kopenhagen), der wegen seines
schonungslosen Realismus abgelehnt wurde. „Der Gitarrenspieler"
(1860, Metropolitan Museum of Art, New York) hingegen wurde akzep-
tiert und mit einer Ehrenmedaille ausgezeichnet.

Obwohl die Schwierigkeiten mit dem Salon in der Folge nicht abris-
sen, bemühte sich Manet stets um diese offizielle Anerkennung, anstatt
zusammen mit den Impressionisten auszustellen, denen er künstlerisch
und persönlich eng verbunden war. Sein Gemälde „Frühstück im Freien"
(Musée d'Orsay, Paris) provozierte 1863 einen Skandal aufgrund seiner
erotisch freizügigen Darstellung und wurde nur im so genannten Salon
des Refusés (Salon der Zurückgewiesenen) gezeigt. Die aus demselben

Grund zurückgewiesene Aktdarstellung der „Olympia" (1863, Musée d'Orsay), die 1865 ebendort ausgestellt wurde, stieß auf noch erbittertere Ablehnung, da Manet hier eine prominente Vorlage, Tizians „Venus von Urbino" (1538), in unorthodox flächigem Helldunkel und mit vergleichsweise laszivem Ausdruck repliziert hatte. Im selben Jahr reiste Manet nach Spanien und vertiefte dort seine Kenntnis der Werke Velázquez', Zurbaráns, Murillos und Goyas. Unmittelbaren Bezug auf Goya nahm er in Bildern wie „Die Erschießung Kaiser Maximilians von Mexiko" (1867, Kunsthalle, Mannheim) und „Der Balkon" (1868/69, Musée d'Orsay).

Nach seiner Rückkehr nach Paris begann er vermehrt in Künstlerzirkeln zu verkehren und wurde ein beständiger Gast im Café Guerbois, dem Treffpunkt der jungen Malergeneration. In den Auseinandersetzungen zwischen ihnen und den Vertretern der akademischen Kunstauffassung avancierte Manet zu einer zentralen Figur, und die Verbindung mit den Impressionisten Edgar Degas, Claude Monet, Auguste Renoir, Alfred Sisley, Camille Pissarro und Paul Cézanne wurde von entscheidender Bedeutung für die französische Kunst der folgenden Dekade. Während Manet dort Anregungen hinsichtlich der Aufhellung seiner Farbpalette und der Wiedergabe von Lichteffekten aufgriff, wirkte er seinerseits vorbildhaft in der Gesamtkomposition. Seine Eigenart, die Leinwand in große Farbflächen aufzulösen, die deren Zweidimensionalität unterstrichen und sich vom Perspektivischen lösten, nahm darüber hinaus spätere Bestrebungen der modernen Kunst vorweg.

Freundschaftliche Kontakte unterhielt der Maler auch zu einigen bedeutenden Schriftstellern seiner Zeit, wie Charles Baudelaire und Stéphane Mallarmé. Das Jahr 1866 markierte den Beginn einer engen Freundschaft mit Émile Zola, der sich im „Figaro" für sein vom Salon abgelehntes Bild „Der Pfeifer" (Musée d'Orsay) eingesetzt hatte. Das „Bildnis der Nana" (1877, Hamburger Kunsthalle), der Protagonistin des gleichnamigen Erfolgsromans von Zola, ist Ausdruck dieser persönlichen Wertschätzung und wird heute den besten Werken Manets zugerechnet. Nach 1870 wurde Manet durch Claude Monet zur Freilichtmalerei (Plein air) inspiriert; 1874 arbeiteten die beiden gemeinsam in Argenteuil. Das Resultat war eine Lockerung der Pinselführung und eine Erweiterung des thematischen Repertoires, das nun zunehmend von Landschaften, Alltagsszenen und Stillleben beherrscht wurde. Ab 1881 wandte sich Manet, bedingt durch eine schwere Erkrankung, der technisch einfacher zu realisierenden Pastellmalerei zu und schuf eine Reihe filigraner, harmonischer Porträts, wie „Blonde Frau mit entblößten Brüsten" (um 1878, Musée d'Orsay) und „Die Wienerin" (auch Irma Brunner, 1880, Louvre). Daneben entstanden zahlreiche Radierungen und Lithographien. Zu den Meisterwerken seiner späten Schaffensphase zählt auch das Gemälde „Bar in den Folies Bergères" (1881/82, Courtald Institute Gallery, London).

Eine späte Ehrung wurde dem Künstler, der schließlich als Porträtist großen Anklang fand, 1881 mit der Verleihung des Ordens der Ehrenlegion zuteil. Manet starb am 30. April 1883 in Paris. www-Quelle: http://www.robert-morten.de/baseportal/Redaktionssytem/britannia

— **N** —

Narkotisieren

kann man, sollte man sich mit Absinth aber nicht. Deshalb immer mit Bedacht trinken und an den hohen Alkoholgehalt denken. → Trunksucht

— **O** —

Opalisieren

siehe → Louche-Effekt

— **P** —

Peychaud

Antoine Peychaud war ein kreolischer Einwanderer, der in den 30er Jahren des 19. Jahrhunderts im French Quarter in New Orleans eine Apotheke betrieb. Mit diesem beruflichen Hintergrund entwickelte er sich zu einem passionierten Mixologisten, zu deutsch: Barmixer. Man traf sich unter Freunden im Hinterstübchen seiner Apotheke, und Peychaud mixte für seine Gäste Brandy mit Absinth und einem Spritzer seines geheimnisvollen, selbst destillierten Bitter; muss wohl so etwas ähnliches gewesen sein wie der Angostura, heute ein Standard-Bitter, den wir in jeder gut sortierten Bar finden. Später wurde dieser → Cocktail bekannt als → Sazerac.

Qualität

Absinth ist nicht gleich Absinth. Zur Zeit der Drucklegung des Buches gab es allein im deutschen Handel ca. 70 verschiedene Absinth-Sorten, von denen die meisten allerdings minderwertige Schnellschüsse in der Hoffnung auf einen schnellen Euro sind. Man schmeckt diesen Produkten auch an, dass deren Hersteller sich unherzlich wenig mit der Tradition und dem Kulturgut Absinth auseinandergesetzt haben.

Reservoir

Wehe dem, der Böses dabei denkt. Hier „nur" eine besondere Glasform, die eine → Brouille bzw. einen Absinth → Löffel überflüssig macht. Bewirkt, dass der Würfelzucker von einer Verengung im Glas gehalten wird, ohne dass er mit dem im Reservoir befindlichen Absinth in Berührung kommt und erst durch die Hinzugabe von Wasser der Louche-Effekt in Form einer schönen Verwirbelung eintritt (→ Trinkrituale).

Rimbaud, Arthur

Französischer Dichter, Waffenschmuggler und Sklavenhändler (1854-1891). Rimbaud wurde am 20. Oktober 1854 in Charleville geboren und starb am 10. November 1891 in Marseille. Sein berühmtestes Gedicht „Le Bateau ivre" (1871) und weitere seiner im lockeren Versbau geschriebenen Gedichte sind zum festen Bestandteil der Weltliteratur geworden und waren von besonderem Einfluss auf die symbolistische und surrealistische Lyrik.

Rimbaud begann bereits im Alter von zehn Jahren, Lyrik zu verfassen. Mit 17 schrieb er das esoterisch-seherische Gedicht „Le Bateau ivre" (1871), das er Paul Verlaine vortrug. Deutlich zeigte sich die Arbeit von Baudelaire beeinflusst, war in ihrer metaphorischen Originalität und dem Assoziationsreichtum ihrer dunklen Chiffren jedoch äußerst eigenständig. Auf Anraten Verlaines zog Rimbaud 1871 nach Paris, wo beide bis 1873 zusammenlebten. Zum Bruch kam es, als Verlaine seinen Freund im Absinthrausch zu ermorden versuchte und dabei schwer verwundete. Rimbaud hielt dies in dem autobiographisch gefärbten, stark rhythmisierten Prosagedicht „Une Saison en enfer" (1873) fest. Nach diesem Vorfall hörte Rimbaud mit seiner literarischen Tätigkeit auf, um ein unstetes Wanderleben zu leben, das ihn zuletzt als Waffenhändler bis nach Äthiopien führte. Verlaine veröffentlichte währenddessen Arthur Rimbauds Gedichtband „Illuminations" (1886), welcher das berühmte Sonnet „Des Voyelles" enthält, in dem jedem der fünf Vokale eine ganz bestimmte Farbe zugeordnet wird. 1891 kehrte Arthur Rimbaud dann nach Marseille zurück, wo er noch im selben Jahr an einer Tumorerkrankung starb.

Sazerac

Der angeblich erste → Cocktail der Bargeschichte: etwas Absinth in ein vorgekühltes Glas geben und das Glas so schwenken, dass der Absinth die gesamte Innenseite des Glases benetzt. Den restlichen Absinth wieder abgießen. 6 cl Rye Whiskey, 1 zerstoßenes Stück Würfelzucker und 3 Tropfen „Peychaud's Bitter" (das ist das Original aus New Orleans; zur Not tun es auch Angostura oder ähnliche Bittertropfen) mit „crushed ice" in den Shaker geben, gut schütteln und durch den Strainer in das benetzte Absinth-Glas abgießen (damals gab es noch keine Shaker und man benutzte 2 Gläser).

Sex

Die Zeit des „fin de siècle" – so benannt nach dem heute von den Bühnen verschwundenen Lustspiel der beiden uns gleichfalls entfallenen Herren Jouvenot und Micard – war berüchtigt für ihre Sexorgien, Sex lag in der Pariser Luft wie zur täglichen Zeit der heure verte das Parfum des Absinth. Baudelaire hat das in seinem Motto „Berauscht euch/vergiftet euch" auf den Punkt gebracht: Opium, Kokain, Alkohol, Haschisch, Marihuana oder eben Sex; wenn der Rausch zum Existenzbeweis wird, ist Sex auch nur eine Droge, von der man – wie bei allen Drogen – im Prinzip nie genug kriegt. Es gibt keinen berauschten Augenblick, zu dem man nicht – ach so schön – sagen möchte: Verweile doch!

Erotisierung und – was damit einherging – Ästhetisierung des Alltags und die tragischen Konsequenzen für den narzisstischen Helden hat niemand jemals schöner und düsterer beschrieben als Oscar Wilde in seinem 1890 erschienen Roman „Das Bildnis des Dorian Gray". Überhaupt ist auffällig, wenn auch alles andere als verwunderlich, dass viele Schwule unter den besten der Dichter, Maler und Denker dieser Epoche waren. Nach meinen Erfahrungen haben Schwule oft einen sensationell ausgeprägten und angenehmen Sinn fürs Ästhetische im Alltag.

Ich möchte hier jedoch zu unser aller Unterhaltung ein anderes Fundstück zitieren; es gehört eindeutig zu jener literarisch minderwertigen Gattung, die mit einer Hand zu lesen war, liegt somit geschmacklich eindeutig unter dem Niveau dieser Publikation (und Ihrem und meinem; na klar!). Aber, wenn wir schon mal dabei sind:

„Wieder in Paris! In dieser herrlichen Stadt, die das so wundervolle Gefühl der Freiheit stärker als jeder andere Ort der Welt vermittelt! Ich vergaß die Komödie meiner Hochzeit, eine wahre Farce, wie ein böser Alptraum. Ich atmete auf, wie ein der Gefahr Entronnener, wie ein Genesender, der seine Kräfte ungläubig, ein wenig zögernd erprobt. (…) Paris! Ich drückte diese Stadt förmlich an meine Brust. Ich trank in vollen Zügen ihr einzigartiges Aroma in mich ein. Ich hätte am liebsten jede einzelne seiner graziösen Frauen umarmt, gleichsam Paris in ihnen an mein Herz gedrückt. (…)

Als ich um neun Uhr an die Tür klingelte, öffnete mir ein hübsches Ding von 19 Jahren die Tür. Ich übergehe die in diesem Kreis üblichen Begrüßungsformeln, ebenso eine detaillierte Schilderung der durch lustige Anspielungen gewürzten Mahlzeit, die auch reichlich gepfeffert war, was einen ordentlichen Durst auslöste. Dieser wurde mit dem notwendigen Quantum sehr guten Weines bekämpft, so dass nach der Mahlzeit eine mehr als animierte Stimmung herrschte. ‚Wir wollen jetzt noch einige Liqueur d'absinthe trinken, sie sollen Ihnen aber würdig kredenzt werden, Dory!‘ Mit diesen Worten entfernte sich Madame Iris für einen Augenblick. Kurz darauf erschien auch schon Violette, die auf einem großen Tablett eine ganze Batterie von bunten Flaschen und die entsprechende Serie kleiner Gläser hereinbrachte. Ich war der am wenigsten Beschwipste in der ganzen Gesellschaft, aber mir drehte sich der Kopf, als ich zu bemerken glaubte, dass die hübsche Mulattin – außer mit ihrer kleinen Schürze – mit nichts bekleidet war. Ich verschlang sie mit den Blicken.

Ich war durch das reichliche Essen und den Genuss des Weines sehr geil geworden und folgte jeder ihrer Bewegungen. Man bemerkte natürlich meine Überraschung umso mehr, als sie beabsichtigt war, und forderte mich lachend auf, mich zu delektieren. Und ich ließ die aufregende, ungemein pikante Erscheinung auch nicht aus den Augen. Die, wie ich schon erwähnte, ohnehin sehr illusorisch zugeschnittene Schürze unterstrich wenn möglich noch die Formen der gleich-spitzen Kegel ihrer starr abstehenden Brüste, die von enorm dunklen Warzen gekrönt waren. Aber während Violette, leicht gebückt, jedem das Tablett darbot, wandte sie mir die nun in voller Nacktheit prangende Rückseite zu. Ich konnte feststellen, dass ihre hinteren Reize geeignet waren, einem Scheintoten Wünsche einzu- flößen (…). Dieser Körper übertraf meine kühnsten Erwartungen. Diese Formen bildeten einen Gipfel. Jeder ihrer Details war wie von einer virtuosen Hand gebildet zu dem einen und einzigen Zweck: Wollust zu erzeugen und zu befriedigen. Die Liköre gaben uns den Rest. Violette wurde eingeladen mitzutrinken und holte reichlich nach. Madame Iris und Madame Dumoulin, die jetzt Nachbarn geworden waren, hatten Yvonne und Violette genötigt, sich an mich zu schmiegen, um „mich zu ermuntern". Denn ich scheine, wie sie sagten, nicht abgeneigt zu sein, mich einem Schläfchen hinzugeben. Das war pure Erfindung, denn ich fühlte mich erregt wie noch nie in meinem Leben. Die vier Frauenkörper, die so verschieden waren, hätten ein Regiment in Aufruhr versetzen können. Nun waren all diese Reize mobilisiert, um meine angesichts dieser Übermacht geringen Kräfte und Säfte in besondere Wallung zu bringen."

Das war jetzt also nicht der Original Dorian Gray, sondern eine deut- sche, 1930 anonym erschienen Fälschung. Und so trocken sich auch sonst das Taschenbüchlein „Absinth – Die grüne Fee" (erschienen im Ullstein-Verlag) liest, an dieser „schönen Stelle" hatte Autor Helmut Wer- ner offenbar Gefallen gefunden.

Eine wie immer auch journalistisch sauber recherchierte Milieu- und Prostituiertengeschichte hat Émile Zola mit seinem Roman „Nana" geschrieben. Dort wird auch beschrieben, wie Nana und ihre – auch sexuelle – Freundin Satin ihre → L'heure verte zelebrieren. Auch diese Beschreibung entnehme ich in der trefflichen Übersetzung des Autors dem Büchlein von H. Werner:

„Nana fühlte sich bei Satin ungemein wohl und stundenlang saß sie müssig und faul auf dem ungemachten Bett. In dem Zimmer standen noch die Waschschüsseln und Krüge umher: Auf dem Boden

lagen die schmutzigen Unterröcke vom letzten Abend. Endlos schwatzten sie und redeten über ihre Probleme. Satin lag halb nackt auf dem Bauch oder auf dem Rücken im Bett neben ihr, streckte die Beine in die Luft und rauchte ständig. Wenn sie an manchen Nachmittagen großen Kummer hatte, trank sie einen Absinth. Sie wollte ihre Sorgen vergessen und gleichsam ertränken, wie sie sagte. Aber sie ging wegen dieses Getränks nicht die Treppe hinunter, sondern brüllte den Auftrag der kleinen zehnjährigen Tochter der Hausverwalterin zu, die zu nichts weiter zu gebrauchen war. Wenn sie Satin das Glas mit Absinth brachte, starrte sie heimlich auf ihre nackten Beine."

Ich bitte um Verständnis, aber wenn das Stichwort Sex in einem Kochbuch so ausführlich gerät, muss das an meinem Verhältnis zum Kochen im Allgemeinen und zu Küchen im Besonderen liegen. Und dafür kann ich nichts, oder, wie Oscar Wilde es trefflich sagte: „Ich kann allem widerstehen. Nur keiner Versuchung." Auch bitte ich den Kollegen Helmut Werner um Nachsicht, wenn ich jetzt nochmals sein Buch plündere und eine zeitgenössische Schilderung eines einschlägigen Etablissements wiedergebe, die er dankenswerterweise für uns aufgestöbert hat:

„Wir besuchten jetzt auch öfters ein Lokal, das erst vor kurzem in Schwung gekommen war, eine „boîte", im Faubourg de Montparnasse gelegen, bei der Rue de la Gaîté in der Nähe des Bahnhofs, der zu jeder Tag und Nachtzeit die Provinzler in das Pariser Pflaster bringt und in einem seltsamen Kontrast zu diesem Tingel-Tangel-Viertel steht, das einer Hafenstadt Ehre gemacht hätte mit seinen fetten Spelunken, fragwürdigen Cabarets und verlausten Bordellen. Das „Enigme" war etwas für die besseren Herrn und Offiziere, eigentlich nichts anderes als ein großes Café, das als einzige Eigentümlichkeit jederzeit verhängte Fenster aufwies. Die Tatsache, dass es zwischen den stets vollbesetzten Tischen, in den engen Gängen, auf den Stufen, die in das Obergeschoss führten, von nackten Frauenleibern wimmelte, kann man eigentlich nicht als Eigentümlichkeit bezeichnen, dazu war dieses Schauspiel den Gästen schon nach kurzer Zeit sehr familiär geworden. Und nach einigen Wochen kannte man es nicht nur als Stammlokal des immerhin versnobten „Tout-Paris", sondern auch aller Spießer eines fast ländlichen Bezirks, des Quartier de la Gare de Montparnasse, und es war sehr ergötzlich, wie diese braven Bürger mit ihren ehrbaren Gattinnen

*sich um die winzigen Tische pressten, vis-à-vis eine oder mehrere
nackte Frauen, wie sie von den nackten Hinterbacken der Mädchen
gestreift wurden, wenn diese sich eilig zwischen schmalen Gässchen
durchzwängten, über die Beine und Knie der Gäste stolperten und
im Fallen oft auf dem Schoß eines der Herrn landeten, der den
Busen, den ihm der Zufall in die Hand gedrückt hatte, etwas betre-
ten, mit einem scheuen Blick auf die Gleichgültigkeit heuchelnde Gat-
tin, dann mit einem gemurmelten „Excusez, Madame!" freigab.
Und zu Hause nach dieser „Aufregung" seine Ehefrau in zweifacher
Hinsicht zu beschwichtigen hatte. Junggesellen kühlten ihr Mütchen
gleich an Ort und Stelle, denn die Auswahl war groß genug. Ich zähl-
te einmal nicht weniger als 78 dieser nackten Geschöpfe. Aber es
waren noch einige hinzuzurechnen, die sich momentan zurückge-
zogen hatten. Dabei ging es ganz gesittet zu. Man konnte sich in ein
ganz normales Lokal versetzt fühlen, nur die nackten Glieder, die
unzähligen Brüste, die alle gangbaren Formen zur Auswahl zeig-
ten, die üppigen Rundungen, die in dieser Umgebung besonders
aufreizend wirkten, boten zwischen den vielen gekleideten Menschen
einen bizarren, ganz eigentümlich berührenden Anblick. Es wäre
des großen Peter Pan würdig gewesen, diese Massen festzuhalten, die
alle Schattierungen der schönsten Farbe der Welt, der in unzähligen
Rosatönen erstrahlenden Fleischfarbe, präsentierten, eines Buona-
rotti, diese zahllosen Glieder, Arme, Beine, Schenkel und Rümpfe
nachzubilden, die sich hier zu einem Fleischgericht sondergleichen
vereinigten. Sie hätten gigantische Wände mit diesen unerwarteten
Verkürzungen bedecken können, ihr Pinsel hätte schwelgerisch aus
der lückenlosen Musterkarte weiblicher Reize eine aparte Palette
zusammenstellen, feinste Perlmuttertöne, violette und purpurrote
Schatten, zartes, wie ersterbend verlaufendes Grünlich-Gelb á la
Matthias Grünewald, ein herrliches Ocker und sogar bläulich-
schwarze Nuancen entdecken können. Denn man sah nicht nur
weiße Leiber in Nacktheit prangen, sondern auch kaffee- und scho-
koladenbraune, mattgelbe, kupferrote und negerschwarze.*

Spaßgesellschaft

Wenn wir eins über die Spaßgesellschaft wissen, dann lässt es sich in
dem beruhigenden Satz zusammenfassen: „Die Karawane zieht weiter."
In der Tat ist es so, dass sich die aktuelle jeunesse dorée zwischen München und Hamburg oder in den stillgelegten Industriekathedralen des
Ruhrgebiets gern auf stilvollen Partys mit Absinth berauscht. Was soll's?

Zu wünschen wäre, dass sich einige von ihnen zu veritablen, stilsicheren Absinthés heranbilden, mit etwas weniger Todessehnsucht und ennui als dies so vielen hochbegabten Bohemiens und Künstler der vorletzten Jahrhundertwende eigen war.

Tabu

Tabu war der Absinth für lange Zeit (von den Zwanzigern des letzten Jahrhunderts bis in unsere Tage) und in vielen Ländern. „Tabu" heißt auch die wohl bekannteste deutsche Absinthmarke der Essener Destillerie Rauter, die auf einem Familienrezept aus dem frühen 19. Jahrhundert beruht; heute in den Verkaufsregalen deutlich gekennzeichnet durch die eigenwillige Fratze auf dem Etikett. Inzwischen gibt es drei Sorten. „TABU Absinth 55%" mit leichter Vorzuckerung, den „TABU Absinth 73% classic strong" mit dem dreifachen Wermutanteil und gänzlich ohne Vorzuckerung sowie „TABU red", mit reduziertem Anis- und Wermutanteil, verfeinert mit Orangendestillat.

Tagträumen

Eine ebenso mutige wie kundige Rehabilitierung des Tagträumens schrieb vor wenigen Jahren die New Yorker Psychoanalytikerin und Therapeutin F. Diane Barth. Das Buch „Tagträumen" erschien 1999 im Deutschen Taschenbuch Verlag in München.

Thujon

Wir zitieren an dieser Stelle noch einmal aus der Studie von Oberrat Dr. med. Wolfgang Huckenbeck. Wenn Sie von diesem Chemie-Chinesisch tatsächlich etwas verstehen, machen Sie sich die Freude und lesen im Internet den ganzen Text unter:

http://www.uni-duesseldorf.de/WWW/MedFak/Serology/
sero/sero-3-01/absinth.htm

„Die angebliche, halluzinogene Wirkung der früheren Absinth-Produkte mit hohem Thujon-Gehalt wurde zeitweise auf die chemische Strukturähnlichkeit zwischen Thujon und Tetra-Hydrocannabiol, dem Wirkstoff des Marihuana zurückgeführt. Thujon, der

Hauptbestandteil des Wermutöls zeigt chemisch tatsächlich eine gewisse Strukturähnlichkeit mit Tetrahydrocannabiol, dem Hauptwirkstoff des Marihuanas.

Es wird immer wieder zitiert und in der Werbung auch angegeben, dass der Thujol-Anteil des wieder zulässigen Absinths 10 mg pro Liter Getränk nicht überschreiten darf."

Richtig ist: Als Höchstmenge in Trinkbranntweinen mit einem Alkoholgehalt bis 25% vol. sind 5 Milligramm Thujon/KG, 10 mg Thujon/KG Spirituose bei einem Alkoholgehalt von mehr als 25% vol. und sogar – was wenig bekannt ist – 35 mg/KG für Spirituosen, die den EG-Bestimmungen für einen Bitter entsprechen, was wiederum in einer EG-Richtlinie geregelt ist. Nach Huckenbeck (s.o.) sei hier noch folgende Rechnung erlaubt:. Wenn sich ein 70 kg schwerer Mann normaler Statur in 3 Stunden auf eine Blutalkoholkonzentration von 2,5 Promille hochtrinkt, so sind dafür nach realistischer Rechnung (10 Prozent Resorptionsdefizit und Abbau von 0,15 Promille pro Stunde) 284 ml eines 70-volumenprozentigen und 398 ml eines 50-volumenprozentigen Absinths notwendig. Diese aufgenommenen Mengen enthalten dann 3 bzw. 4 mg Thujol. Dies entspricht dann einer Aufnahme von 0,004 bzw. 0,006 mg/kg Körpergewicht. Es erscheint allerdings kaum wahrscheinlich, dass in diesem Konzentrationsbereich bereits mit zentralen Wirkungen zu rechnen ist. Von einer genüsslich zelebrierten „grünen Stunde" muss somit sicherlich nicht generell abgeraten werden, sie sollte aber auch nicht täglich stattfinden; zudem – so Kenner Huckenbeck – müssen die im Rechenbeispiel beschriebenen 2,5 Promille ja auch nicht immer unbedingt erreicht werden. Recht hat er!

Topette

Es handelt sich hierbei um kleine Glaskaraffen für verschiedene Absinthmengen, die durch die Anzahl der Ringe auf dem Glas markiert wurden. Sie kamen in Gebrauch, weil Gäste im 19. Jh. häufig die Flasche erhielten und sie an ihren Tisch mitnehmen oder ihre eigenen Getränke an der Bar ausschenken durften. Dabei kam es durchaus vor, dass sie den Absinth in ausgehöhlte Gehstöcke einfüllten! → Toulouse-Lautrec beherrschte diesen Trick. Durch die Verwendung der Topette wußte sein Barkeeper trotzdem genau, wieviel Absinth entnommen wurde.

Toulouse-Lautrec de, Henri

wurde am 24. November 1864 in Albi als Spross eines der ältesten Adelsgeschlechter Frankreichs geboren. Mit 14 Jahren brach er sich beide Beine, die zu einem Paar von Stummeln verwuchsen, während sein Oberkörper (und auch sein Unterkörper) sich zu dem eines Erwachsenen entwickelte.

1881 zog Toulouse-Lautrec nach Paris, lernte dort bei F. Cormon und L. Bonnat und machte → van Gogh mit Absinth bekannt. Der Autodidakt Toulouse-Lautrec, der sich an Bildern von Degas und an japanischen Farbholzschnitten orientierte, wurde 1893 Mitarbeiter der „Revue blanche". Der Chansonnier Aristide Bruant führte ihn ins Pariser Nachtleben ein; von da an wurden Bars, Bordelle, das Kabarett, der Zirkus oder der Rennplatz zu Toulouse-Lautrecs Exil und Heimat, Quelle der Lebensfreude, der Kummerbewältigung und der Inspiration.

Seither gilt er als ironisch-satirischer Chronist der Pariser Vergnügungs- und Unterwelt des „fin-de-siècle". Toulouse-Lautrec zeichnete als Graphiker vor allem farbschöne Plakate in der „Jugendstil-Manier", die zu einem Meilenstein für die moderne Gebrauchsgraphik wurden.

1901 unterzog sich der Säufer, Krüppel und Frauenliebhaber, der begnadete Zeichner und Maler von Ikonen moderner Plakatkunst einer Entziehungskur; naturgemäß zu spät. Er starb im gleichen Jahr am 9. September auf Schloss Malromé in der Gironde.

Trinkrituale

Nur noch beim Dekantieren wertvoller Weine kann man so viel zeremonielles Bohei machen wie beim Absinth. Das klassische Ritual sah vor, den Absinth mit in Eiswasser gelöstem Zucker zu verdünnnen, wozu besondere Absinth-Accessoirs, Löffel, spezielle Gläser mit → Reservoir oder Aufsätzen (→ Brouille), entwickelt wurden.

Das böhmische Ritual tränkt den Würfelzucker mit Absinth, zündet ihn an und löscht ihn mit Eiswasser ab. Dies ist auch das bevorzugte Ritual der → Spaßgesellschaft, da es spektakulär aussieht und gefährlich ist, geschmacklich jedoch bringt es gegenüber dem klassischen Ritual nichts.

Trunksucht
Von Robert Gernhardt

Seht ihn an den Texter.
Trinkt er nicht, dann wächst er.
Mißt nur einen halben Meter -
weshalb, das erklär ich später.

Seht ihn an, den Schreiner.
Trinkt er, wird er kleiner.
Schaut, wie flink und frettchenhaft
er an seinem Brettchen schafft.

Seht ihn an, den Hummer.
Trinkt er, wird er dummer.
Hört, wie er durchs Nordmeer keift,
ob ihm wer die Scheren schleift.

Seht sie an, die Meise.
Trinkt sie, baut sie Scheiße.
Da! Gerade rauscht ihr drittes Ei
wieder voll am Nest vorbei.

Seht ihn an, den Dichter.
Trinkt er, wird er schlichter.
Ach, schon fällt ihm gar kein Reim
auf das Reimwort „Reim" mehr ein.

Untertasse
Im 19. Jh. wurde das Absinthglas gerne auf Untertassen abgestellt, da die Absinthés es nicht bei einem Glas beließen und ob der Wirkung irgendwann nicht mehr koordinationsfähig genug waren, ihr Ritual auszuführen, ohne das Glas zu verfehlen. Darüber hinaus wurde auch der Preis auf dem Tellerrand vermerkt, ähnlich einem Bierdeckel heute.

C

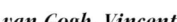

van Gogh, Vincent

niederländischer Maler, kam am 30. März 1853 in Groot-Zundert bei
Breda als Sohn eines Pfarrers auf die Welt. Nach 1869 arbeitete er
zunächst im Kunsthandel in den Haag, London und Paris. Danach wollte
van Gogh einen dreimonatigen Kurs in Brüssel zum Laienprediger
absolvieren, man hielt ihn jedoch für ungeeignet. Es spricht für eine verzweifelte
Kombination von Sturheit und Sendungsbewusstsein, dass er
sich darüber hinwegsetzte und ohne Ausbildung in ein belgisches Erz-
und Kohlengrubengebiet auswanderte, wo er als Prediger und Lehrer
tätig war.

1879 beschloss er Maler zu werden und hielt sich unter der künstlerischen
Leitung seines Cousins A. Mauve in den Jahren 1883-1885 zeichnend
und malend bei seinem Vater in Nuenen auf, der dort eine Pastorenstelle
angenommen hatte. Bisher malte van Gogh in erdigen,
schweren Farbtönen, was sich mit seinem Umzug nach Paris im Jahre
1885 ändern sollte. In Paris lebte sein Bruder Theo, der ihn von nun an
finanziell unterstützen sollte. Hier machte van Gogh absinthgeprägte
Bekanntschaften mit impressionistischen Malern, die seine Farbpalette
erhellten und aufheiterte. Allerdings glüht in den nächtlichen Caféhaus-
lichtern der gleiche Wahnsinn wie in seinen späteren Sonnen.

Im Jahre 1888 verließ van Gogh Paris, um nach Arles zu ziehen. Sein
Nervenzustand verschlechterte sich rapide, so dass ab 1889 Aufenthalte in
den Hospitälern von Arles und Saint Rèmy notwendig wurden. 1890 verfügte
sich van Gogh zu dem Arzt Gachet nach Auvers-sur-Oise bei Paris,
der selbst ein Freizeitmaler und Impressionistenfreund war. Am 27. Juli
1890 beging van Gogh mit einem Revolver einen Selbstmordversuch, an
dem er zwei Tage später starb.

In der Provence entwickelte van Gogh einen Malstil, der von leuchtenden,
ausdrucksstarken Farben geprägt ist und nur noch wenig mit
dem Impressionismus gemein hatte, dem er in Paris begegnet war. Mit
diesem Stil wurde er neben Gauguin, Cézanne und Munch zum Vorläufer
des Expressionismus und des Fauvismus. Es gehört ohne Zweifel zu
den traurigsten Kapiteln der Kunst- und Menschheitsgeschichte, dass ein
Genie wie van Gogh, der Zeit seines Lebens in völliger Armut und finanzieller
Abhängigkeit von seinem Bruder lebte, Arbeiten malte, die heute
zu den beliebtesten und teuersten Bildern zählen, und die weltweit bei
Auktionen Summen in dreistelliger Millionenhöhe erzielen.

Verlaine, Paul Marie

Französischer Dichter (1844-1896). Anatole France beschrieb ihn 1890 wie folgt: *„Wenn man ihn ansieht, könnte man glauben, man habe es mit irgendeinem dörflichen Hexenmeister zu tun. Mit seinem nackten, kupfernen, wie ein alter Kessel zerbeulten Schädel, seinen kleinen, schiefen, leuchtenden Augen, dem platten Gesicht, der aufgeworfenen Nase, dem kurzen, dünnen und harten Bart gleicht er einem Sokrates ganz ohne Philosophie und Selbstbeherrschung – sein Anblick überrascht, schockiert. Er wirkt gleichzeitig gesellig und einschmeichelnd, wild und familiär. Ein instinktmäßig handelnder Sokrates, oder besser: ein Faun, ein Satyr, ein halb tierisches, halb göttliches Wesen, das wie eine keinem bekannten Gesetz unterworfene Naturkraft erschreckt. O ja! Das ist ein Vagabund, ein alter Vagabund der Landstraßen und der Vorstädte.“*

Verlaine war Alkoholiker, und er machte keinen Hehl daraus. 1895 schreib er in seinen „Confessions“. *„Wir wollen jetzt von meinem vielleicht allein unverzeiblichem Laster sprechen: der Leidenschaft, dem verrückten Trieb des Trinkens. Ich habe angefangen, viel zu trinken als ich zu meinem Onkel ging. Da gab es das Braunbier, den Branntwein, den Wacholderschnaps, und Kaffe mit Cognac. Das sind gefährliche Dinge für einen erst Zwanzigjährigen und schädlich für einen Kopf, in dem es schon genug rumort.“*

Und an anderer Stelle in dem gleichen Buch: *„Während der drei Tage, die auf das Begräbnis meiner Cousine folgten, konnte ich mich nur aufrecht halten, indem ich Bier trank und immer wieder Bier. Ich wandte mich dem Trunk zu. Als ich wieder in Paris war, wo das Bier abscheulich schmeckt, warf ich mich auf den Absinth – Absinth zum Abend und zur Nacht … Dieser Absinth! Welch ein Grauen, wenn ich an das Damals denke und das Nachher, das nicht fern liegt, nicht fern genug für meine Würde, wenn ich es bedenke. Nur ein einziger Zug von dieser bösen, grünen Hexe, die ein Dummkopf zu einer Fee und grünen Muse verherrlichen wollte … Wo verbrachte ich die Nächte? Immer an sehr empfehlenswerten Orten, oder ich ging mit einem Freund in die Nachtschenken, wo der Absinth in Hülle und Fülle floß. Dort betrank ich mich … Ich wiederhole es voller Scham: Ich werde später viele andere Unsinnigkeiten zu erzählen haben, die alle auf den Missbrauch dieser schrecklichen Sache zurückzuführen sind, die Quelle von Wahnsinn und Verbrechen, Idiotie und Schande; die Regierung sollte ihn, wenn nicht unterdrücken, so doch wenigstens gnadenlos besteuern: den Absinth.“*

Verlaine war außerdem auch ein faunischer Choleriker, ein Charakterzug, der sich unter Alkohol noch verstärkte und in Verbindung mit einer Schusswaffe fatale Konsequenzen hatte: Verlaine traf sich im Juli 1873 in Brüssel mit seinem Freund und Geliebten Arthur Rimbaud, der ihm den Laufpass geben wollte. Beide hatten sich mit Absinth durch die Brüsseler Kneipen gesoffen, als Verlaine auf der Straße einen Revolver zog, zweimal auf Rimbaud schoß und ihn am Handgelenk verletzte. Ein belgischer Polizist verhaftete die beiden Trunkenbolde, ein belgisches Gericht verurteilte Verlaine zu zwei Jahren Knast. Dort und danach blieb er eine Weile nüchtern.

---------- **W** ----------

Wermut (lateinisch: artemisia absinthium)

Das Wermutkraut ist seit Jahrtausenden als eine der anspruchslosesten Heilpflanzen überhaupt bekannt, ist heute in Europa von Sibirien bis Irland, darüber hinaus in Nord- und Südamerika, Nordafrika und in Asien zum Teil weit verbreitet. Die Hauptwirkstoffe sind Absinthin, Anabsinthin und ein ätherisches Öl, das sich in allen Anteilen der Pflanze findet. Wermutöl, also die Essenz des Wermutkrauts, enthält 40 bis 70 Prozent Thujon, daneben Thujalkohol, Absinthin, Phellandren, Cadinen, Pinen, Azulen, Cineol und Salicylsäure. Bittermacher ist der Inhaltsstoff Absinthin, der noch in einer Verdünnung von 1 zu 70.000. wahrgenommen werden soll (1 Gramm in 70 Litern Wasser). Die Nervengifte Thujon und Phellandren rufen Krämpfe hervor und können zu schweren Degenerationserscheinungen am zentralen Nervensystem führen.

Wermutkraut wurde zur Herstellung diverser alkoholischer Getränke benutzt. Bereits Plinius erwähnt einen als Absinthithes bezeichneten Wein, dem Wermutextrakt zugesetzt wurde. Man kann davon ausgehen, dass thujonhaltige Getränke bereits sehr früh verbreitet waren. Vergessen darf man aber nicht, dass die damaligen Extrakte allenfalls in Wasser (Auskochen) oder alkoholischer Lösung erfolgten. Erst mit der Erfindung der Wasserdampfdestillation im 16. Jahrhundert gelang es, an Stelle „harmloser" ausgekochter Auszüge hochkonzentrierte Essenzen zu gewinnen. Im England des 17. Jahrhunderts soll ein Tansy genanntes Getränk aus Rainfarn (ebenfalls thujonhaltig), Eiern und Sahne sehr beliebt gewesen sein. Sogar ein u. a. aus Strandbeifuß (Artemisia maritima) hergestelltes Bier soll in England und Irland im 17. bis 18 Jahrhundert weit verbreitet gewesen sein. Über den Ursprung des lateinischen Namens kursieren ein paar erzählenswerte Geschichten: Eine erzählt von der Erdenmutter Artemis, Schwester des Apoll, Beschützerin der Gebärenden, Ernährerin der Jugend und hegende Jägerin, die den Kentaur Chiron mit Wermut geheilt haben soll. Der römische Literat Plinius der Ältere berichtet von der Königin Artemisia, die dem König Mausolos in inzestuöser Liebe als Schwester und Gemahlin zugleich verbunden war. Als Mausolos starb, nahm sie seine Asche in einem nicht näher überlieferten Getränk zu sich. Eine ergreifende Geschichte, aber keine sehr überzeugende Ableitung.

Da erscheint der Hinweis auf das altpersische Wort „absinth" schon stimmiger. Es heißt „weiß", meint die Farbe und lässt sich durchaus plausibel mit der Tatsache verbinden, dass die Wermutpflanze dicht mit kleinen weißen Härchen bedeckt ist.

Und schließlich wusste der große Grieche und Historiker Herodot vom Volk der Absinthier zu berichten, das an den Ufern des Flusses Pontos lebte. Das war allerdings, bevor der Ruf „Unser Dorf soll schöner werden" diese abgelegenen Gefilde erreichte. Herodot schreibt: „Die hässliche Gegend bringt den bitteren Absinth hervor. Das Land drückt seine ganze Bitterkeit durch dieses Gewächs aus." Nichtsdestotrotz galt der Pontische Wermut bei den griechischen Ärzten seinerzeit als der beste. Und ob jetzt die Absinthier wegen ihrer Pflanze oder die Pflanze wegen der hässlichen Gegend so heißt, kann uns relativ schnuppe sein.

Wasserspender

Bessere Bars hatten einen dekorativen Wasserspender auf der Theke als Statussymbol, aus denen die Gäste Wasser „zapfen" konnten, um ihren Absinth zu verdünnen.

Whitmann, Walt

Amerikanischer National-Dichter. Trank Absinth im legendären Old Absinth House in New Orleans.

Xrated

Amerikanische Bezeichnung für strengstes Jugendverbot, welches wir für Absinth propagieren. Aber auch von sogenannten Absinthmutproben unter Erwachsenen raten wir höflich und sehr bestimmt ab.

Ysop

Lateinisch: hysopum. Heil- und Gewürzpflanze aus der Mittelmeerregion, Lippenblütler, Bestandteil der Absinthrezeptur.

———— **Z** ————

Zitronisieren

Das Zitronisieren z.b. von Fleisch oder Fisch habe ich zum erstenmal auf Reisen in Afrika kennengelernt. In der nordafrikanischen und auch in der besseren türkischen Küche wird Fleisch häufig zitronisiert, weil es dann auch bei wärmeren Temperaturen länger haltbar bleibt. In unseren Breitengraden dient es der Marinierung. Kleine Spritzer Zitrone helfen auch beim Blanchieren von Gemüsen. Sie behalten ihre Farbe und schmecken einfach besser.

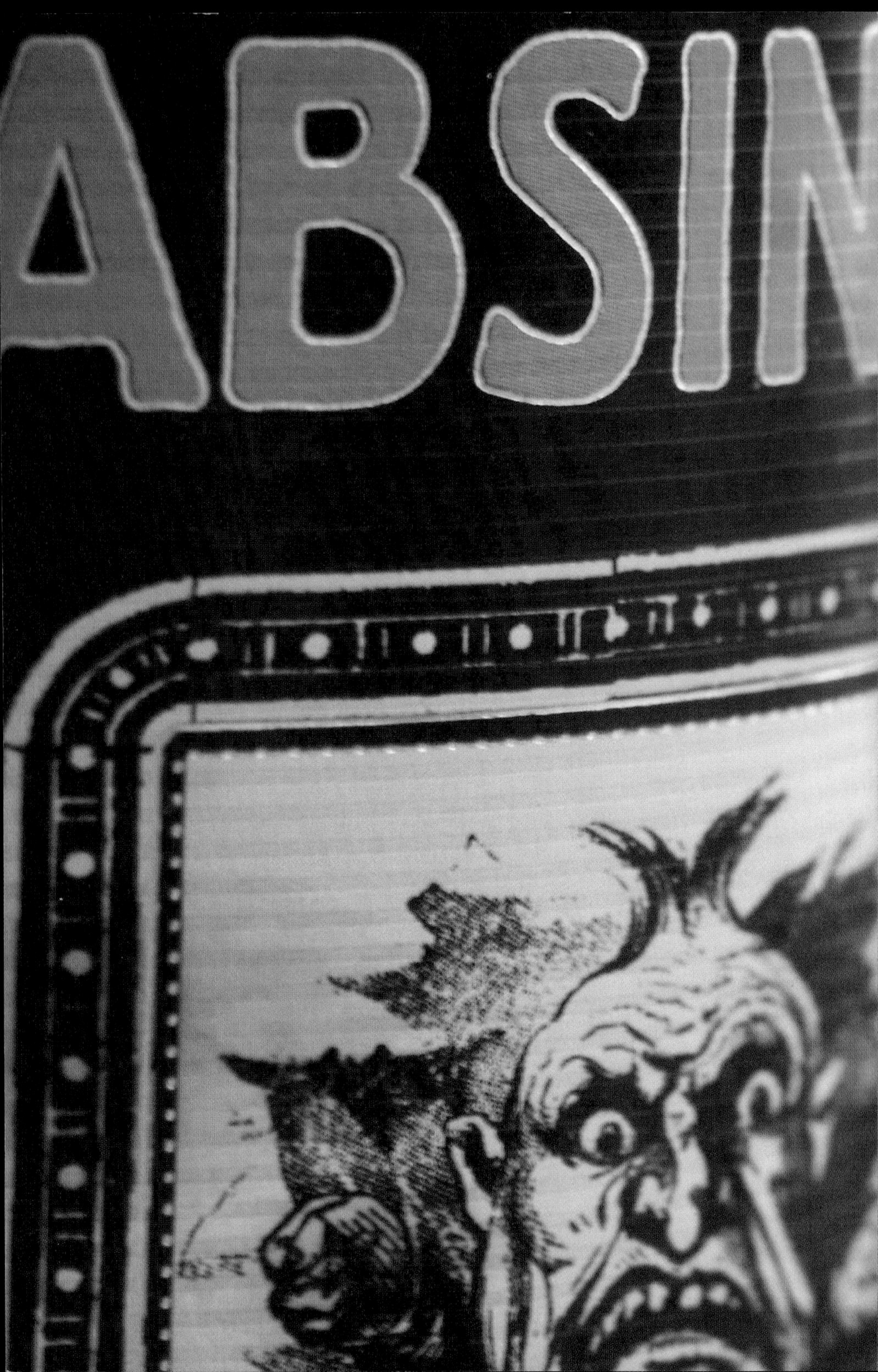
ABSIN

Absinth ist nicht gleich Absinth.

TABU
Absinth
red

TABU
Absinth
55

TABU
Absinth
classic strong

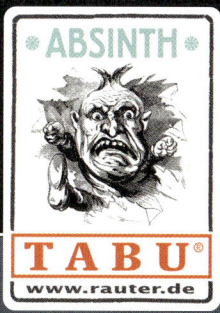

Geschmack ist kein Zufall.